생명을 보는 눈

생명을 보는 눈

조병범 지음

자연과생태

생명을
보는 눈
되기

돌곶이습지 주변 지도를 보면 한강이 왼쪽 윗부분을 차지하고 한강 오른쪽으로 연초록 습지가 붙어 있습니다. 남북을 가로지르는 노란 실선이 자유로이고 그 오른편에 파주출판단지가 있습니다. 출판단지 오른쪽 아래로 높이 194미터 심학산이 있는데 너무 낮은 까닭인지 모르겠지만 녹지 표시가 작습니다. 출판단지 위쪽으로 녹지가 조그맣게 표시되어 있습니다.

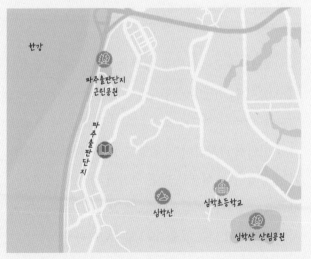

돌곶이습지 주변 지도

파주출판단지 근린공원입니다. 심학산보다 훨씬 작은
공원이지만 파주시에서 사람을 파견해 관리하는 곳이
라 그런지 이름까지 나와 있습니다. 공원 위쪽으로 제
법 큰 공간이 모자 모양으로 있는데 이름도 아무 표시
도 없습니다. 이곳이, 돌곶이습지입니다.

습지는 언제나 물에 푹 잠기지는 않지만 일정 기
간 이상 물에 잠기거나 젖어 있는 땅으로, 지구 표면의
5~8%를 차지합니다. 민물 습지, 기수 습지, 염수 습지
로 나누며, 갯벌과 논도 습지입니다. 뭍과 물의 전이 지
대인 만큼 독특한 생태계를 이룹니다.

한강 하구로 바닷물 영향을 받는 돌곶이습지는
기수 습지로, 바닷물과 민물을 오가는 생명이 사는 곳
입니다. 그러나 지도로 보면 어떠한 정보도 알 수 없고
그저 빈터처럼 보입니다. 생명이 살아가리라고 짐작하
기 어렵습니다. 실제로 많은 사람이, 환경을 보호해야
한다고 주장하는 사람도, 지도를 보는 눈으로 보면 습
지에 생명이 있다는 것을 잊기 일쑤입니다.

2019년 6월이었습니다. 출판단지에 있는 회사들의 연합 조직에서 돌곶이습지를 개발하려고 공청회를 열었습니다. 그들은 습지 안쪽에 산책로를 만들겠다고 했습니다. 한 술 더 떠 분수대까지 만들자는 의견도 나왔습니다. 저는 발언권을 얻어 습지에서 수천 마리 기러기와 오리가 잠을 자고 이른 아침에 날아가는 영상을 보여 줬습니다. 천연기념물인 저어새와 개리를 비롯해 얼마나 많은 새가 있는지 알렸습니다. 주최 측에서 나눠 준 자료에 새가 26종뿐이라는 보고서는 거짓이라고 드러냈습니다. 이곳은 원래, 심학산(尋鶴山)이라는 이름에서 알 수 있듯이 학이 있던 곳인데 출판단지가 들어서면서 그들이 사라졌다, 그런데 이제 기러기와 오리까지 몰아낸다면 너무 큰 죄가 될 것이라고 말했습니다. 기러기와 오리를 쫓아낼 계획을 세울 게 아니라 두루미재단을 만들어 두루미가 다시 돌아오는 곳으로 만들어야 한다고 주장했습니다. 공청회가 끝난 뒤 산책로를 만들자고 발표한 업체 대표를 찾아갔습니다.

"대표님, 새가 26종인 게 맞나요? 제가 조사한 바로는 130종이 넘습니다."

"아, 저는 하버드대학교에서 환경을 전공한 사람 인데……"

"대표님, 습지에 새가 26종이라는 게 맞는 건가 요?"

"아, 예, 저는 환경을 전공하고 환경을 생각하는 사람이라……"

"대표님, 전공 얘기가 아니라 실사를 한 게 맞냐 고 묻는 겁니다."

"아, 예, 뭐, 저는 너무 바빠서……"

개발 업체 대표는 후다닥 저를 피해 달아났습니 다. 단언하건대 업체에서는 한 번도 습지를 조사하지 않았습니다. 환경영향평가를 전혀 하지 않았습니다. 그저 지도를 보고, 이전 자료를 참고한 뒤, 책상에 앉아 개발 계획을 세웠습니다. 너무 어처구니없지만 많은 개발이 이런 식으로 진행된다고 알고 있습니다. 다행 히 돌곶이습지 개발 계획은 더 이상 추진되지 않았습 니다. 그렇다고 해서 안심할 수 없습니다. 지도로 세상 을 보고, 이런 눈으로 개발 계획을 세우면 지도에 표시 되지 않은 작은 습지는 언제든 개발 계획에 포함될 수

있기 때문입니다. 문제는 지도를 보는 눈이 이 세상의
힘을 너무 많이 갖고 있다는 점입니다.

풍경을 보는 눈

도시에서 살다 보면 발길이 멈추는 풍경을 만나기 어렵습니다. 시계를 보며 바쁘게 살아가기 때문입니다. 그렇다 보니 주말이나 휴가 때 먼 길을 가서라도 멋진 풍경에 닿는 것이겠지요. 그렇지만 도시에서도 이따금 느닷없는 풍경에 발길을 멈추고 입을 딱 벌리는 때가 있습니다.

한겨울, 기온이 영하로 떨어진 아침 출근 시간이었습니다. 해가 막 떠오르는 때라서 살갗을 에는 추위가 찬바람과 함께 스며들어 몸을 잔뜩 움츠리는데 쨍한 하늘에 뜬 낮달이 보였습니다. 동쪽으로는 해가 막 떠오르고 남서쪽으로는 낮달이 떠 있고, 아름다움이 가슴에 쑤욱 들어왔습니다. 더구나 낮달을 배경으로 기러기가 날아가고 있었습니다. 여덟 마리 기러기가 낮달에 걸린 풍경이 어여쁘기 그지없었습니다.

대부분 사람은 풍경을 보는 눈으로 자연을 바라

봅니다. 도시에서 일상을 살고 어쩌다가 풍경을 바라보며 감탄하는 삶. 풍경을 보는 눈에서 한걸음 더 자연 속으로 들어가면 자연의 실상을 살펴볼 수 있을 텐데 그러기에는 일상이 너무 팍팍합니다. 그래서 가끔 느닷없는 풍경을 만나면 발걸음을 멈추고 쳐다보다가 이내 다시 일상 속으로 들어갑니다. 일상이 한계에 이른다 싶으면 먼 길을 가더라도 풍경 속으로 빠져들 따름입니다. 대부분 사람이 대부분 시간을 풍경을 보는 눈으로 지냅니다.

생명을 보는 눈

2013년 초여름이었습니다. 버스에서 내려 회사로 걷는 출근길. 정류장에서 회사까지 불과 3분 정도밖에 걸리지 않는 거리지만 이미 해가 심학산 위로 떠올라 강한 빛을 비추고 있어 땀방울이 돋아나기 직전이었습니다. 보행로 오른쪽에 습지가 있어 바람이 살랑였습니다. 반가운 바람을 맞으며 습지에 눈을 두니 거기 아기 오리 열한 마리가 한 줄로 헤엄치고 있었습니다. 물 위를 쏜살같이 미끄러져 가는 어미 오리를 따라 헤엄치는 앙증맞은 아기 오리 무리라니! 가던 길을 멈출 수밖에 없었습니다. 그러고는 넋을 놓고 쳐다봤습니다. 초록 풀숲에서 초록 풀숲으로 이동하는 어미 오리와 아기 오리에 홀딱 반했습니다.

흰뺨검둥오리 가족을 보고 나니 돌곶이습지가 달리 보였습니다. 겨울날 안개 자욱한 이른 아침, 서로 어깨가 부딪힐 만큼 빽빽하게 습지를 채운 수천 마리 기러기 떼가 떠올랐습니다. 한꺼번에 수십 마리씩 끼룩 끼루룩 소리를 내며 물을 박차고 하늘로 날아오르던 모습이 되살아났습니다. 습지에 자주 눈을 주면서 파란 하늘을 배경으로 대백로 열한 마리가 빙글빙글 원을 그리며 신나게 춤추는 모습을 봤습니다. 하얀 대백로의 군무는 5분 남짓 이어졌는데 가슴 벅찬 감동이었습니다. 일상에서 풍경을 보는 눈에 머물고 가끔 지도를 보는 눈이기도 하던 제가 흰뺨검둥오리와 대백로 같은, 습지 새에 관심을 두면서 비로소 생명을 보는 눈에 가까워졌습니다.

흰뺨검둥오리

생명을 보는 눈이 더 많아지기를 바라며

지도를 보는 눈과 풍경을 보는 눈, 생명을 보는 눈으로 나눌 때 가장 많은 사람(평범한 사람)이 풍경을 보는 눈에 들어갑니다. 지도를 보는 눈은 책상에 앉아 개발 정책을 펼치는 사람들입니다. 평범한 사람들도 바쁘게 달리거나 개발에 동조할 때 지도를 보는 눈이 되기도 합니다. 그러면 지도를 보는 눈은 더 강력한 힘을 얻어 거칠게 개발을 추진합니다.

반면에 생명을 보는 눈은 적고, 주로 발길을 멈출 때나 낮 시간보다는 이른 아침과 밤에 나타납니다. 힘이 약합니다. 그러나 좀 더 나은 세상이 되려면 평범한 사람들이 생명을 보는 눈이 되어야 합니다. 생명을 보는 눈은 풍경을 보는 눈에게 함께하자고 손을 내밀어야 합니다. 지도를 보는 눈도 포기할 수 없습니다. 늘 지도를 보는 눈은 아닐 것이기 때문입니다. 더 많은 사람이 생명을 보는 눈이 될 때 세상은 더욱 나아지리라 생각합니다.

저는 평범한 사람입니다. 생명을 보는 눈을 경험했지만 풍경을 보는 눈에 자주 머무릅니다. 자연 속으로 들어가 새를 만나고 스스로를 멈추어야 비로소 생명을 보는 눈이 됩니다. 지도를 보는 눈이 달리기이고, 풍경을 보는 눈이 걷기라면, 생명을 보는 눈은 멈춤입니다. 지도를 보는 눈이 나쁘기만 한 것도 아닙니다. 필요하기도 합니다. 다만 너무 치우쳐 있습니다. 저 자신이, 우리 사회가, 지도를 보는 눈과 풍경을 보는 눈에 너무 많은 시간을 쏟습니다.

처음에는 불편하지만 멈추고 귀 기울이기를 되풀이하다 보면 감동스러워 가슴이 턱, 막히는 경험을 합니다. 그 경험을 나누고 싶습니다. 과학을 전공하지 않았고, 여전히 새의 세계를 잘 알지 못합니다. 그렇더라도 생명을 보는 눈에 자주 닿고자 애쓰는 마음으로 돌곶이습지뿐만 아니라 우리 둘레의 새를 살펴봅니다. 어쭙잖더라도 계속 살펴보다 보면 조금 더 생명을 보는 눈이 깊어지고 넓어지리라 기대합니다. 그 길에 가끔 발걸음을 멈추고 귀 기울이는 길동무가 있다면 더할 나위 없이 기쁘겠습니다.

차례

이름은
시선을
담는다

한 줄로 헤엄치는 아기 오리 열한 마리와 함께 나아가는 흰뺨검둥오리 어미를 보고 새에 반했습니다. 안타깝게도 그때는 흰뺨검둥오리 이름을 몰랐습니다. 오리는 청둥오리랑 비오리 2종만 알았습니다. 청둥오리도 이름만 알았지 어떻게 생기고 어디를 가야 볼 수 있는지 몰랐습니다. 오히려 귀한 비오리를 알고 있었습니다. '풀꽃세상을위한모임'이라는 단체가 있습니다. 자연에 대한 존경심을 회복하고자 자연물에 '풀꽃상'을 드리는 단체입니다. 환경 운동 방식이 좋아 단체가 생긴 지 얼마 되지 않았을 때 가입했는데 비오리가 첫 번째 풀꽃상 주인공이었습니다. 강원도 동강의 비오리는 철새인데 동강 자연 환경이 좋아 동강에 눌러앉았습니다. 풀꽃세상을위한모임은 그런 비오리에게 상을 드리며 생태 감수성을 회복하자고 했습니다.

뚜렷이 이름을 알던 비오리와 달리 처음 본 새 이름은 어떻게 알아야 하는지 몰라 답답했습니다. 새를 보는 작가가 둘레에 있지만 어미와 아기 오리 열한 마리를 어떻게 설명하고 이름을 가르쳐 달라고 해야 하나 아득했습니다. 끙끙 앓다시피 하며 인터넷을 이리저리 뒤져 이름을 찾았습니다. 알고 싶은 이름을 비로소 알게 되니 얼마나 반갑던지요. 이름을 불러 줄 수 있다고 생각하니 비로소 흰뺨검둥오리를 제 가슴에 온전히 받아들인 것처럼 즐거웠습니다.

새를 보려면 이름을 정확하게 알 수 있는 도감을 갖춰야 합니다. 먼저 새를 본 사람들한테 추천을 받았습니다. LG상록재단에서 나온 『한국의 새』는 새를 보는 사람들이 교과서처럼 여기는 도감입니다. 자연과생태에서 나온 박종길 박사의 『야생조류 필드 가이드』는 우리나라 새 정보가 깨알 같이 담긴 필수 도감입니다. 새를 보러 밖으로 나갈 때면 『한국의 새』를 갖고 가고, 집에 오면 『야생조류 필드 가이드』를 보며 이름을 익혔습니다.

새를 처음 볼 때는 돌곶이습지 이름도 헷갈렸습니다. 습지 둘레를 돌다 보면 입간판이 보이는데 문발배수펌프장 유수지라고 쓰여 있습니다. 출판단체에서 낸 조사 자료집에는 파주출판도시 유수지라고 쓰여 있습니다. 공무원이나 연구자는 '유수지'로 쓰고 있음을 알 수 있습니다. 새를 보는 사람들은 '산남습지'라고 부릅니다. 그러나 이 이름들은 모두 문제가 있습니다. 먼저 '유수지'는 파주출판단지에서 물 피해가 나지 않도록 물을 관리하는 눈으로 붙인 이름입니다. 습지를 물관리 대상으로 보고 있어 그곳에서 살아가는 생명을 고려할 여지가 적습니다. '산남습지'는 예전에 산남습지랑 연결되었던 역사를 잇는 이름입니다. 그러나 지금은 산남습지랑 분리되어 있거니와 심학산 남쪽(산남)에 위치하지도 않습니다. 오히려 서북쪽에 자리합니다. 산남습지랑 분리된 것이 안타깝고 분리되기 전 기억을 담은 이름이지만 적절하지는 않습니다.

돌곶이습지는 어떤가요. 돌곶이습지를 모르더라도 돌곶이는 아실 겁니다. 서울만 하더라도 돌곶이역이 있습니다. 돌곶이마을에 역이 들어서면서 붙인 이름이라고 짐작할 수 있습니다. 부산 바닷가 마을 용호동에도 돌곶이가, 전라도 영산강에는 돌곶이나루가 있습니다. 이렇듯 돌곶이는 물이 인접한 여러 곳에 있습니다. 그도 그럴 것이 우리나라 지명은 지형을 나타낸 경우가 많습니다. 비슷한 지형이면 전국 어디서나 꼭 같은 이름을 볼 수 있습니다. 뒷골이나 안골, 윗말이나 아랫말처럼요. 돌곶이는 '돌아 나가면 곶이 나오는 곳'이라는 뜻으로, 땅이 강이나 바다로 튀어나온 곳에 붙이는 이름입니다. 심학산 자락 작은 물길 세 개가 만나 한강 하류로 나가는 곳에 돌곶이마을이 있고, 마을 앞에 있는 습지이기 때문에 돌곶이습지입니다. 또한 돌곶이습지는 관공서 사람이나 전문가, 어쩌다 찾아오는 탐조인이 부르는 이름이 아니라, 습지를 날마다 바라보며 삶의 터전으로 살아가는 지역 주민이 부르는 이름입니다. 습지 속사정을 가장 잘 아는 사람이 부르는 이름이고, 한자 말이 아닌 순수 우리말로 지형까지 나타내는 이름입니다. 기러기와 오리는 물론 도요물떼새와 재두루미 수백 마리가 날아들던 이름입니다. 이름은 관점을 내포합니다. 그런 뜻에서 돌곶이습지는 돌곶이습지가 딱 맞는 이름입니다.

비오리는 머리가 녹색 빛을 띠는 검은색입니다. 목 아래부터 가슴, 옆구리가 모두 흰색이고 등 부분은 검은 깃털이라 선명하게 대비됩니다. 뒤통수에 난 댕기깃이 빗으로 빗은 것처럼 가지런해서 빗오리라고 했다고 하는데 바다비오리는 뒷머리 댕기가 뚜렷하지만 비오리는 그렇지 않습니다. 비오리 비오리 발음하면 마치 금방이라도 하늘에서 비가 올 것 같고, 비나이다 비나이다 비손을 하는 어머니 모습이 그리워지기도 합니다. 날아오를 때는 물 위를 빠르게 달리면서 몸을 띄웁니다. 그 모습을 처음 본 날 환호하며 반겼습니다.

비오리

새 이름을 하나하나 알아 가는 것이 즐거웠습니다. 생김새 특징을 잘 드러낸 이름이 많거든요. 오리 가운데 황오리는 주황색 오리입니다. 한겨울, 얼굴이 하얗고 몸통이 온통 주황색인 황오리가 떼로 날아들면 기막히게 아름답습니다. 청머리오리는 머리가 녹색이고, 홍머리오리는 머리와 목이 붉습니다. 넓적부리는 부리가 넓적한 오리이고, 혹부리오리는 부리 안쪽에 붉은 혹이 달려 있습니다. 흰뺨오리는 뺨에 흰 깃털이 둥그렇게 있고, 검둥오리는 부리만 빼고 온통 검은색입니다. 호사비오리는 비오리랑 비슷하게 생겼지만 더 호사스럽습니다. 쇠오리는 작은 오리입니다. 이름 앞에 '쇠'가 붙으면 작다는 뜻입니다. 쇠박새는 박새보다 작고, 쇠물닭은 물닭보다 작습니다. 쇠백로는 백로 중에서 가장 작고, 쇠딱다구리는 딱다구리 중에서 가장 작습니다. 다만, 이따금 생김새를 명확하게 드러내지 못하는 이름도 있게 마련입니다. 흰뺨검둥오리는 뺨이 흰 검둥오리라는 뜻일 듯하지만 정작 생김새는 그렇지 않습니다. 흰뺨오리랑 검둥오리를 보고 나면 더욱 그렇습니다.

생김새를 보고 이름을 지었지만 뜻이 잘못 전해지는 일도 있습니다. 천연기념물 황새가 그렇습니다. 이름 앞에 '황'이 있어 황색 새로 오해하기 쉽습니다. 그렇지만 황새를 자세히 보면 날개와 다리, 부리를 빼면 온몸이 흰색입니다. 깃털 색깔로 새 이름을 지었다면 황새가 아니라 흰새여야 알맞습니다. 황새에서 '황'은 깃털 색이 아니라 크기를 나타내는 접두어 '한'에서 나왔습니다. 큰길을 뜻하는 '한길', 크게 내쉬는 숨을 '한숨'이라고 하듯이, 몸길이가 1미터가 넘게 큰 새라는 뜻인 '한새'가 황새로 바뀌었습니다.

새소리를 흉내 내어 이름을 짓기도 합니다. 돌곶이습지가 있는 심학산 둘레는 학, 그러니까 두루미가 살던 곳이었습니다. 두루미는 우리 민족이 아주 귀하게 여기는 새로 소리를 들으면 왜 두루미라고 이름을 지었는지 금방 알 수 있습니다. 한겨울 두루미가 뚜루 뚜루 뚜루 크게 소리 내는 모습을, 혹시 눈이라도 내릴 때 본다면 평생 잊기 어렵습니다. 아울러 돌곶이습지에 머물던 재두루미는 잿빛이어서 재두루미입니다. 꾀꼴 꾀꼴 소리를 낸다고 꾀꼬리, 뻐꾹 뻐꾹 소리를 낸다

재두루미

고 뻐꾸기입니다. 소쩍 소쩍 소리를 낸다고 소쩍새, 지지배배 소리를 낸다고 제비입니다. 개액 객 객객객객 소리는 개개비가 내고, 봄날 멋진 휘파람 소리는 휘파람새가 부르는 노래입니다. 뜸부기는 뜸, 뜸, 소리를 내고, 딱새는 꼬리를 부딪쳐 딱, 딱, 소리를 내기도 합니다.

생김새나 소리를 특징으로 삼은 새 이름은 자연 속에서 새와 어우러져 살아가는 백성의 눈으로 지은 이름입니다. 만약 고려나 조선 시대에 양반이 새 이름을 짓고, 그렇게 전해져 내려오다가, 근현대 조류학자가 책상에 앉아 '지도를 보는 눈'으로 이름을 올렸다면, 새 이름은 지금보다 훨씬 부르기 어렵고 새 특징을 잘 나타내지 못했을 것입니다. 얼마나 다행인지 모릅니다. 새 이름이 쉬워 우리가 새를 보게 될 때 벽 하나는 없는 셈입니다.

새로운 새를 볼 때마다 생김새나 소리, 행동을 살펴 이름을 찾습니다. 쉽게 알 수 있는 새가 있고 도감을 참고해도 잘 모르는 새가 있습니다. 새도 저마다 다르기 때문입니다. 쉽게 알면 쉽게 아는 대로, 어렵게 알면 어렵게 아는 대로, 마침내 이름을 부르면 비로소 그 새를 온전히 받아들인 기분입니다. 생김새나 소리, 행동을 살펴 이름을 찾아 부르고 그 생명을 온전히 받아들이기. 어쩌면 살아가면서 만나는 모든 생명에 이런 태도로 다가가야 하지 않을까 싶습니다.

계절보다
빠르게 오가다

　예전에는 겨울이 가고 봄이 오는 것을 꽃으로 알았습니다. 긴긴 겨울 추위와 바람을 이겨 내고 얼어붙은 땅에서 솟구치는 연약한 들풀이 피워 낸 꽃으로 확인했습니다. 나뭇가지에 스며드는 물기와 봉긋 오른 꽃봉오리를 보고 알았습니다. 새를 보게 된 뒤로는 새의 이동으로 압니다. 돌곶이습지에서는 한겨울을 가득 채우던 큰기러기, 큰부리큰기러기, 쇠기러기와 흰뺨검둥오리, 청둥오리, 쇠오리 숫자가 2월이면 벌써 줄어듭니다. 계절 변화를 예민하게 감지한 새가 월동지를 벗어나 고향으로 돌아가는 것입니다. 우리나라에는 텃새도 있지만 철새가 훨씬 많습니다. 새의 변화로 계절을 알 수 있고 꽃보다 빠릅니다.

돌곶이습지를 찾아오는 새 중에 말똥가리가 있습니다. 겨울 철새로 맹금입니다. 날개를 펼치면 날개 아래에 말똥 같은 무늬가 있어 말똥가리라는 이름을 지었다 하고, 먹이를 먹고 미처 소화시키지 못하고 뱉어 낸 찌꺼기가 말똥과 비슷해서라는 말도 있습니다. 말똥가리는 주로 높은 곳에 앉아 있습니다. 먹잇감이 보이면 훌쩍 뛰어오르듯 날아가서 먹이를 낚아채며 주로 땅에 사는 들쥐나 두더지를 잡아먹습니다. 날개와 꼬리를 활짝 펴고 공중에 뜬 채(정지 비행)먹이를 찾기도 합니다. 말똥가리는 다른 맹금과 마찬가지로 영역이 있어 다른 맹금이 자기 영역으로 들어오지 못하도록 싸우기도 합니다. 먹이가 많은 곳이면 아무래도 다른 맹금이 노리기도 하겠지요.

돌곶이습지를 영역으로 삼는 말똥가리 사진을 자세히 보고 놀랐습니다. 눈빛이 투명하리만치 맑아서요. 얼굴을 자세히 보니 어린 티가 팍팍 났습니다. 도감에서 어린새와 어른새를 구별해 놓은 것을 살펴보니 어린새가 분명했습니다. 쥐나 두더지를 잡아먹는 새치고는 너무 여리게 보였습니다. 그러고 보니 아침마

말똥가리

다 만나는 그 말똥가리는 늘 높은 곳에 앉아 먹잇감이 있는지 살펴볼 뿐 사냥에 성공하는 모습은 보지 못했습니다. 물론 사냥에 성공하면 천적이 없는 은밀한 곳에서 먹이를 먹겠지만 늘 자리에 앉아 있는 말똥가리가 도대체 어떻게 먹고 살아가는지 걱정스러웠습니다. 먹이를 찾아 북쪽에서 먼먼 길을 날아왔는데 여기서도 살아가는 게 참 만만치 않아 보였습니다.

말똥가리는 우리나라보다 훨씬 추운 몽골과 시베리아, 아무르, 우수리, 사할린 등에서 태어나 자랍니다. 그러다 날이 추워지고 먹이가 부족할 것 같으면 먹이를 찾아 몇 날 며칠 쉬지 않고 이동합니다. 만약 고향에 먹이가 많다면, 경쟁에서 이겨 쉽게 먹이를 먹을 수 있다면, 굳이 고향을 떠나 먼먼 길에 오를 까닭이 없습니다. 그러나 고향은 이미 힘센 맹금이 영역을 차지하고 있거나 먹이가 적어 떠날 수밖에 없습니다. 비록 몇 날 며칠 이동하다가 사고를 당하더라도 가만히 앉아 굶을 수는 없습니다.

우리나라에 도착해도 텃새들의 텃세에 눈치를 봐

야 합니다. 덩치가 작은 까치가 달려들어도 슬그머니 자리를 비켜야 합니다. 환경이 변하면 변한 대로 적응해야 합니다. 선택의 여지가 없습니다. 가난한 나라 젊은 노동자가 먹고살고자 낯선 땅으로 이주해 살아가는 것과 다르지 않습니다. 말똥가리는 이주 노동을 해마다 되풀이해야 하니 어떤 측면에서는 이주 노동자보다 더 삶이 험난합니다.

말똥가리만 험난하게 살아가는 게 아닙니다. 모든 철새가 말똥가리와 크게 다르지 않습니다. 그들은 먹이를 찾아 우리나라에 온 손님입니다. 날이 추워지면 몽골이나 시베리아 같이 추운 곳에서 오고, 날이 더워질라치면 동남아시아나 호주 같은 곳에서 옵니다. 철새로 오지 않고 나그네처럼 잠깐 먹이만 먹고 떠나는 새도 있습니다. 그들은 오로지 먹이만 바라며 산을 넘고 바다를 건넙니다. 먹이가 선결되어야 그 뒤가 가능합니다. 이동하는 중에 목숨을 잃는 철새가 30%에서 50%에 이른다고 합니다. 그야말로 목숨을 걸고 찾아오는 새들입니다.

이제 말똥가리는 가고 여름 철새가 올 즈음입니

다. 그들을 어떻게 맞이해야 할까요. 말도 못하고 우리가 만든 환경에 적응해 살아가거나 죽어 나가는 그들을 어떻게 대해야 할까요. 가장 약자를 대하는 태도가 곧 세상을 대하는 태도입니다. 그러니 해마다 이주해서 날품팔이 노동을 하는 새를 대하는 태도가 곧 우리가 세상을 대하는 태도가 아닐까요. 부디 말똥가리를 비롯한 새들이 우리나라를 좀 더 환경이 좋아지는 곳이라고 여길 수 있으면 좋겠습니다.

황오리는 주황빛이 나는 오리입니다. 유라시아 대륙 중부에서 새끼를 치는데 그때 화려하게 치장한 깃털을 보면 완전한 주황빛이라서 너무 아름답습니다. 우리나라에는 주황빛이 옅어진 가을에 겨울을 나고자 찾아옵니다. 짝에게 잘 보이려고 깃털을 화려하게 하기보다는 무채색 겨울에 천적 눈에 띄지 않는 게 먼저입니다. 주황빛 깃털이 옅어져 얼룩덜룩하기도 합니다. 그렇더라도 갈색 깃털이 대부분인 돌곶이습지에 황오리가 있으면 습지가 환합니다. 온통 옅은 주황빛 몸통에 검은 부리와 다리와 꼬리, 머리는 흰 빛깔이 납니다. 날아갈 때 보면 날개덮깃이 하얗게 보입니다. 무리 지어 머물다가 한꺼번에 주황으로 하양으로 반짝이며 하늘을 날면 저절로 감탄사가 나올 만큼 장관입니다.

황오리는 수확이 끝난 논이나 밭을 좋아합니다. 거기에 떨어진 낟알을 먹으며 겨울을 지냅니다. 습지에는 먹이 상황에 따라 다르게 옵니다. 3월부터 가끔 보이더니 4월과 5월까지 내내 보인 적도 있습니다. 그때는 논밭에서 먹이를 먹기 힘든 때라서 그러지 않았나 싶습니다. 다행히 습지에서 지낼 만하니 고향으로 돌아갈 시기를 넘기면서까지 남아 있었던 듯합니다.

새를 보기 시작한 지 얼마 되지 않았던 2015년 일입니다. 돌곳이습지에 황오리 무리가 찾아왔습니다. 큰기러기가 찾아와 이번 겨울도 습지에서 지낼 만한지 살펴볼 즈음이었습니다. 그런데 황오리 무리 중에 달리 보이는 오리가 있었습니다. 검은빛인 다리와 부리, 꼬리를 빼고는 온통 하얬습니다. 몸에서 색소를 합성하는 효소에 문제가 생겨 나타나는 유전성 질환으로 몸이 하얗게 된, 알비노 황오리였습니다.

알비노 황오리는 무리와 멀찍이 떨어져 먹이를 먹거나 쉬었습니다. 빛깔이 달라 무리에게 따돌림을 당하는 것인지, 아니면 스스로 무리와 떨어져 지낸 것인지 알 수 없었습니다. 하얀 황오리 홀로 그렇게 생활했다면 얼마나 힘들었을까요. 그렇지만 하얀 황오리 곁에 늘 묵묵히 함께하는 주황빛 황오리 한 마리가 있었습니다. 함께하는 황오리가 한 마리라도 있다면 낯선 땅 한겨울이라도 두려울 게 없을 것입니다. 곁을 지키던 황오리 덕분에 하얀 황오리는 돌곶이습지에 머물며 충분히 먹이를 먹은 뒤 떠났습니다.

터를 잡고 살다

　우리나라를 대표하는 새는 무엇일까요. 워낙 빠르게 바뀌는 사회라서 세대마다 다르게 생각하지 않을까 싶습니다. 사는 곳이 도시인지 시골인지에 따라 다르기도 하겠습니다. 나라에서 정한 새가 있는지 알아볼 수도 있습니다. 결론부터 말하자면 국가에서 정한 새(國鳥)는 없습니다. 애국가라 부르는 국가가 있고, 무궁화를 국화로 지정했는데, 국가의 새가 없다는 것이 의외입니다. 지자체에서는 지자체를 상징하는 새와 나무를 지정하기도 하고, 미국 국조가 흰머리수리라는 것도 널리 알려졌는데, 정작 우리나라에서는 국조를 지정하지 않았습니다. 까치를 국조라고 알고 있는 사람이 많으나 그렇지 않습니다. 국제조류보호회의

까치 어미새와 어린새(오른쪽)

(ICBP)에서 우리나라를 상징하는 새를 까치로 정했을
뿐입니다.

그렇다면 비록 정부 기관은 아니지만 국제기구
에서 정한 까치를 우리나라 대표 새로 볼 수 있을까요.
까치는 우리나라 사람에게 익숙한 새입니다. 사시사철
시골이든 도시든 어디에서나 볼 수 있고, 어린이든 어
른이든 모르는 사람이 거의 없습니다. 옛날에도 까치
는 우리 조상들과 함께하는 새였습니다. 예부터 내려
오는 민화를 보면 까치 그림을 어렵지 않게 볼 수 있습
니다. 옛 시에서도 까치를 발견할 수 있습니다. 조상들
은 까치를 희작(喜鵲)이라고 하며 기쁜 소식을 전달하
는 새로 여겼습니다.

까치 생태를 살펴보면 기쁜 소식을 알려 주는 새
로 볼 수 있는 측면이 있습니다. 까치는 머리가 좋은 새
입니다. 마을에 살며 마을 사람들 얼굴을 기억합니다.
낯선 사람이 마을에 들어서면 높이 날아다니는 까치가
먼저 알고 까까깍깍 소리를 냅니다. 그러면 마을 사람
들은 낯선 사람, 그러니까 반가운 손님이 온 줄 압니다.

그러나 이것은 사실과는 조금 다릅니다. 까치는 낯선 사람을 반겨서가 아니고 자기 영역에 침범한 낯선 사람을 경계하는 뜻으로 소리를 냅니다. 까치는 자기 영역을 철저하게 방어하는 새입니다. 자기 영역에 들어서면 상대가 누구더라도, 설령 새가 아니어도 곧바로 달려듭니다.

2018년 4월 16일 점심시간이었습니다. 모처럼 미세먼지가 없어 도시락을 먹고 돌곶이습지를 산책했습니다. 갈대밭에서 까치가 깍, 깍, 깍 소리를 내며 껑충껑충 뛰고 있었습니다. 행동이 평소와 달라 쌍안경으로 살펴보니 바닥에 뱀이 있었습니다. 누룩뱀이 또아리를 틀고 고개를 살짝 들어 까치를 경계하고 있었습니다. 까치는 누룩뱀 둘레를 빙글빙글 돌면서 깍, 깍, 깍 소리를 내다가 아주 짧게 부리로 꼬리 쪽을 쪼고 뒤로 물러나기를 반복했습니다. 누룩뱀은 고개를 이쪽저쪽으로 돌리며 까치에 대응했지만 치열하게 공격하지는 않았습니다. 5분 남짓 싸움을 계속하더니 까치가 풀쩍 날아 몇 미터 떨어진 물가에 앉았다가 이내 버드나무에 날아올랐습니다. 누룩뱀은 까치가 떠나고도 경계를 풀지 않다가 다시 공격하지 않는 것을 확인했는지 그때서야 풀숲 바닥으로 스으윽 숨어들었습니다.

맹금이 자기 영역에 들어와도 까치는 거칠게 달려듭니다. 돌곶이습지에 황조롱이가 자주 찾아옵니다. 배수펌프장 높은 곳에 앉아 먹잇감을 노리는데 그때마다 까치가 달려듭니다. 배수펌프장 한쪽에 앉은 황조롱이에게 까치가 위에서 내리꽂을 듯 위협하는 모습을 본 적이 있습니다. 황조롱이는 목을 잔뜩 움츠리고 경계할 뿐이었습니다. 까치는 겨울이면 찾아오는 말똥가리에게 달려들어 영역 표시를 하기도 합니다. 날개를 펼치면 거의 2미터에 이르는 흰꼬리수리에게도 달려듭니다.

2018년 1월 4일 아침이었습니다. 영하 11도 추운 날씨에 습지 대부분이 얼어붙었고 얼지 않은 곳 일부에 기러기와 오리가 몰려 있었습니다. 한강 쪽에서 흰꼬리수리 한 마리가 늠름하게 날아왔습니다. 흰꼬리수리가 오리들이 몰려 있는 곳으로 날아들자 한꺼번에 날아오르는 오리 떼, 기러기 떼, 대백로와 노랑부리저어새 따위로 습지가 소란스러웠습니다. 흰꼬리수리는 사냥에 성공하지 못하고 오리 위를 한 바퀴 돌더니 습지 한가운데 얼음 위에 내려앉았습니다. 얼마 지나지 않아 까치 두 마리가 흰꼬리수리 곁으로 다가가 알짱대더니 곧 이웃 까치들까지 우르르 몰려와 흰꼬리수리를 함께 괴롭혔습니다.

까치가 단체 행동을 하면 덩치 큰 흰꼬리수리라도 까치 영역을 떠나지 않을 수 없습니다. 까치 한 마리야 싸워서 제압할 수 있지만 사냥이 아닌 다른 일에 힘을 쏠 여력이 없기 때문입니다. 큰부리까마귀도 습지에 자주 오는데 그때마다 까치들이 공격합니다. 한두 마리가 공격하면 이내 십여 마리로 늘어나 덩치 큰 큰부리까마귀가 자리를 뜹니다.

까치는 두 마리가 짝을 지어 둥지를 짓고, 새끼를 키운 뒤 독립시킵니다. 새끼가 독립하면 가족이 같이 다니지 않습니다. 기껏 한 쌍이 같이 다닐 뿐입니다. 그러니 영역도 까치 한 쌍의 세력권입니다. 서로 영역을 존중하며 지내던 까치들은 황조롱이, 말똥가리, 흰꼬리수리 같은 맹금이나 큰부리까마귀 같이 덩치가 큰

영역 싸움을 하는 까치

까치와 누룩뱀

까치와 황조롱이

까치와 흰꼬리수리

까치와 큰부리까마귀

새가 자기 영역으로 들어오면 다급한 소리를 냅니다. 비상사태에 사이렌을 울리는 것과 마찬가지입니다. 그러면 이웃한 까치들이 시끄럽게 소리를 내며 너도나도 달려듭니다. 까치들의 거친 단체 행동에 물러서지 않을 새가 없습니다. 누룩뱀이나 고양이, 사람도 당해 내기 어렵습니다. 침입자를 물리치면 까치들은 저마다 자기 영역으로 돌아가 지냅니다. 평소에는 다른 까치 영역에 들어가지 않습니다.

우리나라에서 가장 수가 많은 텃새는 참새가 아닐까 싶습니다. 시골이든 도시든, 어린이든 어른이든, 길을 나서면 가장 쉽게 볼 수 있는 새입니다. 돌곶이습지에서도 갈대밭과 잔디밭, 풀밭과 버드나무에서 주로 보입니다. 이렇듯 우리에게 친숙한 새이다 보니 참새 뜻을 '진짜 새'로 알고 있는 사람이 있습니다. 참과 거짓으로 나눌 때의 '참'이라고 여기면서요. 그러나 농부의 눈으로 보면 그렇지 않습니다. 봄에 씨앗을 심으면 땅을 파헤쳐서 다 먹어 치우는 새도 참새요, 벼 이삭이 팰 무렵에 떼거리로 몰려다니면서 진액을 빨아 먹어 쭉정이로 만들어 버리는 새도 참새입니다. 그러니 이른 봄부터 가을 추수가 끝날 때까지 참새 때문에 농부의 걱정은 그칠 날이 없습니다. 허수아비를 세워도 어느새 가짜인 줄 알고 허수아비 머리 위에 올라앉는 새가 참새입니다. 농부에게는 얄미울 수밖에 없어 농촌에서는 참새를 천덕꾸러기 취급하며 그물을 쳐서 잡기도 하고 총 쏘는 소리를 내서 쫓기도 합니다.

농경 국가였던 중국도 우리나라와 다르지 않았습니다. 중국은 1958년 네 가지 해로운 동물(파리, 모기, 들쥐, 참새)을 제거하는 운동을 펼쳤습니다. 중국 지도자 마오쩌둥은 참새가 밀을 너무 많이 먹는다고 비난하며 참새에 대한 전쟁을 선포합니다. 전략은 간단했습니다. 사흘 밤낮으로 학생들은 물론 신체 건강한 모든 중국 인민이 중국 땅을 전부 덮을 만큼 큰 소음을 만들어 참새를 심장마비나 탈진으로 죽게 하는 방법입니다. 이 전략은 사흘 만에 참새 800만 마리가 떼죽음할 만큼 효과가 매우 좋았습니다. 하지만 이는 사람에게도 치명적인 결과를 가져왔습니다. 참새가 사라지면서 천적이 없어지자 메뚜기 수가 급증해 3년 동안 3,000만에서 4,000만 명에 이르는 중국 인민이 굶어 죽었습니다.

참새를 없애 생태 균형을 깨뜨린 결과는 그토록 처참했습니다. 어렸을 때 펄 S. 벅의 소설 『대지』를 읽고 궁금했습니다. 하늘을 까맣게 뒤덮은 메뚜기 떼를 보며 두려움에 떨고, 농사를 망친 뒤 울부짖던 농부들. 왜 갑자기 메뚜기가 급증하고 농사에 치명타를 날렸는지 궁금했는데 그게 바로 참새가 없어진 탓이었습니다.

참새를 어떻게 보아야 할까요. 중국 사례는 참새가 해로운 새가 아니라고 알려 줍니다. 참새의 참을 진짜라는 뜻으로 고려할 수 있습니다. 그러나 농부의 눈으로 보면 참새는 여전히 진짜 새가 되기 어렵습니다. 그래서 참새의 '참'은 진짜가 아니라 작다는 뜻에서 왔다고 보는 게 더 맞을 듯합니다. 작은 도요를 좀도요라 부르고, 성질이 잘고 옹졸한 사람을 가리켜 좀스럽다고 하듯이 '좀'은 작다는 뜻으로 씁니다. 우리 둘레에서 보는 작은 새 '좀새'가 '참새'로 바뀌었다고 보는 것이 설득력 있습니다. 다만 참새가 '진짜 새'는 아니더라도 없어지면 생태계 균형이 깨져 사람에게도 치명타를 날릴 수 있는, 생명 인다라망의 한 그물코라는 점은 잊지 말아야 하겠습니다.

참새 한 쌍

이른
봄까지
머물다

2015년 4월 7일 국영 방송국 기자들이 돌곶이습지를 찾아왔습니다. 지역 조류 전문가와 탐조 해설사까지 모시고 온 까닭은 개리를 취재하기 위해서였습니다. 그해 겨울에는 돌곶이습지에 개리가 없었습니다. 그러다가 3월이 끝나 갈 무렵부터 개리가 보이기 시작하더니 70여 마리까지 늘었습니다. 이미 겨울 철새는 거의 떠나가고 늦게까지 머무는 큰기러기와 쇠오리를 합해도 100마리가 채 되지 않을 때인데 말입니다. 개리는 천연기념물이자 환경부 지정 멸종위기 야생생물이며 전 세계에서 보호하는 새입니다. 새 한 종이 생존하려면 10만 마리가 되어야 하는데 개리는 지구에 5만 마리 정도밖에 없다고 합니다. 지금 우리나라에서 겨울을 나는 개리는 수백 마리에 그칩니다. 예전에는 오두산 전망대 둘레 한강가에 1,000마리 넘게 있었지만 자연 환경 변화로 확 줄었습니다. 그런 개리가 출판단지 작은 습지에 70여 마리나 나타났으니 사람들 눈을 끌 만했고, 방송국에서 제보를 받고 찾아온 것입니다. 얼마 뒤 다른 방송국에서도 개리를 취재하러 왔습니다.

개리

개리는 거위의 조상입니다. 개리라는 이름은, 기러기가 끼룩 끼룩대는 소리에서 이름을 땄듯, 개깩 개깩대는 소리에서 딴 것으로 짐작합니다. 아주 오래전 누군가 야생 개리를 잡아서 집에서 키웠고, 집에서 키운 야생 개리가 거위가 되었습니다. 그래서 개리와 거위는 생김새가 거의 비슷합니다. 다만 개리는 부리에서 이마까지 거의 일직선으로 매끈하지만 거위는 변하는 과정에서 이마에 혹이 생겼습니다. 또 개리는 몸 윗면은 흑갈색, 아랫면은 엷은 갈색, 옆구리는 흑갈색인 반면, 거위는 깃털 대부분이 흰색입니다. 야생에서 살아가야 하는 개리는 둘레 환경과 비슷한 색으로 계속 머물렀고, 사람 집에서 자라는 거위는 깃털을 화려하게 바꾼 게 아닌가 싶습니다.

개리는 기러기 무리랑 어울리기도 하는데 앞목이 흰색이라서 기러기랑 구별하기 쉽습니다. 영어 이름은 Swan Goose입니다. 몸 형태를 보면 Swan(고니)과 Goose(기러기)가 한 몸에 있는 듯해 생김새 특징을 잘 표현한 이름이라고 생각합니다. 개리는 고니처럼 부리가 날카롭습니다. 날카로운 부리를 갯흙 속에 집어넣어 흙을 파헤치며 식물 뿌리, 물고기, 무척추동물을 찾아서 먹습니다. 특히 새섬매자기 뿌리를 아주 좋아합니다. 상체를 전부 개흙 속에 넣을 때도 있습니다. 거꾸로 선 엉덩이만 보이는 모습은 우습기도 하고 생존하려는 몸부림 같아 숙연하기도 합니다. 다른 개리가 개흙 속에 머리를 집어넣을 때 옆에 꼭 경계하는 개리가 있습니다. 아무리 배가 고파도 먹이를 먹는 개리를 지키고자 경계를 섭니다.

개리는 한두 마리만 도래지에 나타나도 새를 보러 다니는 사람들이 찾아갑니다. 귀한 새를 사진기에 담으려고요. 막상 도래지에 도착하면 개리는 사람들이 접근하기 어려운 곳에 멀찍이 떨어져 있습니다. 돌곶이습지는 작은 습지인 데다 도로보다 낮은 곳에 있어 우리나라에서 가장 개리 사진을 찍고 관찰하기 좋은 장소입니다. 게다가 해마다 개리가 찾아옵니다. 겨우내 머물 때도 있고, 이동 시기에만 올 때도 있습니다.

돌곶이습지에서 개리를 가장 많이 본 해는 2020

년입니다. 겨우내 개리가 잘 보이지 않았는데 3월 들어서 한두 마리 보이다가 갑자기 늘어났습니다. 한꺼번에 106마리가 습지에 모여 있기도 했습니다. '털푸턱' 앉아 고개를 등에 얹고 자기도 하고, 깃털을 다듬기도 하고, 한낮에는 너도나도 고개를 개흙 속에 집어넣어 식물 뿌리를 캐내어 먹었습니다. 목덜미에 검은 흙 물이 들지만 북쪽으로 떠나기 전에 체력을 키우려고 쉬지 않고 먹었습니다. 가끔 사람들이 20여 미터 밖에서 사진기를 들이대어도 날아가지 않았습니다.

고향으로 떠나는 날은 개리 숫자가 더 늘었습니다. 한강 하류에 있던 모든 개리가 모인 게 아닌가 싶었습니다. 그날 돌곶이습지에서 날아오른 개리는 32, 23, 30, 20, 45, 25, 50, 6, 13, 17, 8마리로 전체 11무리, 269마리였습니다. 개리를 생애 가장 많이 본 날이 개리가 고향으로 떠나는 날이었습니다. 바람이 센 탓에 높이 날지 않고 바람을 타며 날아갔습니다. 그중 한 마리는 날아오르면서 똥을 눴습니다. 거의 수직으로 날아오르면서 똥을 누는 게 신기했습니다. 흰 똥이 얼마나 가볍고 적은지 공중에서 흩어져 흔적 없이 사라졌습니다. 개리를 보며 소리쳤습니다.

"에잇, 개리야! 똥으로 작별 인사를 하다니! 너무 한 거 아니니? 애교로 받아들일게"

"잘 가, 개리야. 덕분에 행복했어. 가을에 또 보 자. 그때까지 건강하렴."

개리 때문에 가슴 아픈 적도 있었습니다. 왼쪽 다 리가 뎅겅 잘린 개리를 봤을 때입니다. 절뚝, 절뚝, 불 편하게 움직이며 먹이를 찾는 개리. 무엇이 날개 달린 개리 다리를 잘랐을까 궁금했습니다. 잘린 다리 때문 에 먹이를 찾는 데에 어려움을 겪고 무리에 부담을 줬 을 텐데 과연 고향으로 돌아갈 수 있을까 걱정했습니 다. 절뚝, 절뚝, 불편할 텐데 개리는 쉬지 않고 움직였 습니다. 다리 잘린 개리가 돌곶이습지에 있는 동안 사 진을 찍는다고 가깝게 다가가거나 물고기를 잡는다 고 아예 물속으로 들어가는 사람들이 있었습니다. 습 지 한쪽에서 건물을 계속 짓는 것도 개리에게는 위협 이었을 것입니다. 그렇지만 개리는, 다리 잘린 개리는, 한 달 동안 꿋꿋하게 버티며 스스로 먹이를 먹은 뒤 동료들과 함께 고향으로 돌아갔습니다. 고향에서도 부디 잘 지내기를, 다시 만나기를 기대합니다.

돌곶이습지에서 새를 보기 가장 좋은 계절은 겨울입니다. 천연기념물만 하더라도 개리를 비롯해 노랑부리저어새, 원앙, 잿빛개구리매, 흰꼬리수리를 볼 수 있습니다. 게다가 큰기러기, 쇠기러기, 큰부리큰기러기 같은 기러기와 흰뺨검둥오리, 청둥오리, 쇠오리 같은 오리는 수천 마리씩 볼 수 있습니다. 영하 18도까지 기온이 떨어진 2021년 소한 무렵 아침에는 기러기가 3,000마리 넘게 모였고, 오리도 비슷한 숫자가 습지에 있었습니다. 돌곶이습지에 기러기와 오리가 6,000마리 넘게 있었던 셈입니다. 1만 마리가 넘던 예전만 못하지만 기러기와 오리가 6,000마리 넘게 있다가 해가 뜨기 직전에 날아가는 모습을 지켜볼라치면 가슴이 벅찼습니다. 기러기와 오리 외에도 노랑부리저어새, 대백로, 왜가리, 민물가마우지, 백할미새, 삑삑도요 같은 물새가 있고, 갈대밭에는 긴꼬리홍양진이, 검은머리쑥새, 되새, 촉새 같은 들새가 있어 겨울 돌곶이습지는 심심할 짬이 없습니다.

돌곳이습지에 오는 겨울 철새 중에 가장 오래 머무는 새는 쇠오리입니다. 다른 겨울 철새가 도착하기 전인 9월 중순이면 벌써 작은 몸집 쇠오리가 습지에 나타납니다. 선발대 쇠오리가 보이면 다른 겨울 철새가 오리라는 기대가 생겨 기쁩니다. 쇠오리는 그때부터 겨울을 넘기고 4월 하순까지 반년 넘게 돌곳이습지에 머뭅니다. 쇠오리는 여러 마리가 부리를 땅에 대고 밀고 다니며 먹이를 찾습니다. 낮에는 쉴 때가 많다고 알려졌지만 부지런히 움직일 때가 대부분입니다. 4월이면 겨울 철새가 거의 떠나간 뒤라 겨울 철새 중에 쇠오리만 남을 때가 많습니다. 고향으로 돌아가려고 몸집을 불린 쇠오리들이 한꺼번에 날아올라 비행 연습을 하기도 합니다. 100마리 가까운 쇠오리들이 휘익 휘익 휘파람 소리를 내며 빠르게 날아다니는 모습을 보면 가슴이 다 시원합니다.

쇠오리가 고향으로 가기 전에 꼬마물떼새, 알락할미새, 쇠백로 같은 여름 철새가 찾아옵니다. 돌곳이습지 흙으로 둥지를 짓고 알을 낳는 제비도 날아다닙니다. 몽골이나 시베리아 같은 북쪽으로 가는 나그네새도 가끔 찾아옵니다. 바야흐로 봄, 꽃 피고 나뭇잎 돋는 봄에도 새는 멀리서 찾아와 우리 곁에 머뭅니다.

쇠오리 떼

새도 주로
말하고 노래하고
드물게 운다

5월은 봄이지만 여름만큼 뜨겁습니다. 이미 알을 낳고 새끼를 다 키운 텃새도 있습니다. 잭 잭 재액 잭 잭 재액 서툰 아기 참새 소리가 들리고 어른 참새의 분명한 짹 짹 짹 소리가 들립니다. 직박구리의 삐익삑 소리와 까치의 깍 깍 깍 높은 소리가 습지를 가끔 울립니다. 저마다 큰 소리를 내는 가운데 붉은머리오목눈이 무리가 내는 조화로운 소리가 귀를 씻어 줍니다. 흰뺨검둥오리는 습지 안쪽 갈대밭에서 알을 낳고 제 몸으로 알을 덥히고 있을 것입니다.

여름 철새 대부분은 꽃 피고 곤충 많은 풍요로운 때에 맞춰 찾아옵니다. 돌곶이습지에는 작디작은 꼬마물떼새를 시작으로 알락할미새가 찾아오고, 제비가 찾아옵니다. 습지 위를 빠르게 날아다니는 제비 한 쌍이 크게 포물선을 그리는 모습은 시원합니다. 제비 뒤를 이어 휘파람새가 호로호찌비찟 호로호찌비찟 한동안 맑은 노래를 부릅니다. 습지에서 알을 낳고 새끼를 키우는 쇠물닭, 덤불해오라기, 개개비가 찾아옵니다. 쇠물닭과 덤불해오라기는 물새이고 노래하는 때가 드물지만 개개비는 다릅니다.

　　머나먼 동남아시아에서 찾아온 개개비는 돌곶이
습지에서 5월부터 노래합니다. 크기 18센티미터 정도,
무게는 달걀의 반(17~33그램)밖에 되지 않는 작은 몸으
로 갈대 꼭대기에 올라 온몸으로 노래합니다. 천적에
게 '날 잡아 잡수' 하는 것도 아니고 위태롭기 짝이 없는
행동입니다. 그러나 개개비에게는 목숨을 걸 만한 일이
기 때문에 노래하지 않을 수 없습니다. 바로 사랑할 짝
을 얻기 위해서입니다. 짝에게 보여 주려고 훤히 드러
난 곳에서 목숨 건 구애 노래를 토해 냅니다. 목을 한껏
뒤로 젖힌 채 붉은 입속을 보여 주며 개객 개객 개개개
객 노래하는 모습은 온몸으로 시를 쓰는 것 같습니다.

　　개개비는 배와 눈썹선을 빼고는 온몸이 갈색이라
갈대 줄기에 붙어 있으면 구별하기 어렵습니다. 평소
에는 갈대 아래쪽에서 주로 지내며 밖으로 몸을 잘 드
러내지 않습니다. 갈대밭 낮은 곳에서 짧고 낮게 날며
나비, 메뚜기, 잠자리 따위를 잡아먹습니다.

　　우리나라 사람들은 새가 '운다'며 '새 울음소리'
라고 말합니다. '지저귄다'거나 '지줄댄다'는 말이 있

지만 잘 쓰지 않습니다. 홀로 된 사람이 깊은 밤 떠난 사람을 그리워하다가 듣는 새소리는 울음소리로 들릴 수 있습니다. 힘든 세상살이 때문에 울음소리라고 들을 수도 있습니다. 그러나 깊은 밤에 새가 내는 소리는 울음소리가 아닙니다. 사람들이 자기 마음을 빗대어 그렇게 들을 따름입니다.

새를 생명으로 바라보면, 다른 생명과 마찬가지로, 새소리 대부분이 울음소리가 아닌 것은 분명합니다. 어떤 생명이든 자기 일상을 울음으로 채우지 않기 때문입니다. 새소리는 새들끼리 하는 의사소통일 때가 가장 많습니다. 그 외에 자기 영역이라고 고래고래 소리 지르기도 하며, 갑자기 나타난 사람 때문에 놀라 소리를 내기도 하고, 짝을 찾느라 목소리를 뽐내는 때가 있으며, 그저 기쁨을 누리고자 노래하고, 아주 드물지만 슬플 때는 울기도 합니다. 새소리는 이렇듯 '말'과 '노래'와 '울음'으로 다양하게 변주됩니다.

2015년 5월에 천안 광덕산으로 새소리 여행을 떠난 적이 있습니다. 여름 철새가 찾아와서 자기 영역을

둥지 재료를 물다

먹이를 물다

개개비

배고프다고 소리를 내는 어린새들

어미새가 어린새에게 먹이를 주다

찾는 시기에 새소리, 노래를 듣고 싶었습니다. 눈을 감고 귀를 여는 여행이었습니다. 평소에 혹사한 눈을 감고 귀를 활짝 열고 새의 노래만 듣고 싶었습니다. 해가 뜨기 직전이 가장 활발하다고 하는데 직접 확인하고 싶었습니다. 산에서 잠을 자고 해 뜨기 전에 밖으로 나와 귀를 기울였습니다.

아직 어둑한 숲에서 가장 먼저 노랫소리를 들려준 새는 솔부엉이로 시간은 4시 53분이었습니다. 야행성 솔부엉이 다음으로 낮과 밤 가리지 않고 소리를 내는 검은등뻐꾸기가 어절씨구 저절씨구 4음절로 노래했습니다. 사람들이 홀딱 벗고! 홀딱 벗고! 노래한다고 우스갯소리를 하는 새입니다. 어둠이 점차 가시며 5시에는 소쩍새, 호랑지빠귀, 되지빠귀, 노랑턱멧새, 딱새가 노래하고, 5시 12분에는 꿩이 소리를 냈습니다. 5시 14분에는 멧비둘기가, 5시 20분에는 절정에 이르러 박새, 청딱다구리, 까치까지 노래했습니다. 여름 철새와 텃새가 어울려 노래하니 숲이 온통 새소리로 가득했습니다. 5시 30분에는 딱다구리 드러밍 소리가 들리고, 동고비, 곤줄박이도 노래하니 해 뜨기 전에 10종 넘는 새가 동시에 노래한 셈입니다. 과연 새가 가장 많이 노래하는 시간은 해 뜨기 직전이었습니다. 곧이어 붉은머리오목눈이, 직박구리, 진박새, 오색딱다구리가 소리를 내고 노랑할미새가 전깃줄에 앉아 노래했습니다. 새들의 새벽 합창을 온몸으로 느꼈습니다.

5월 습지를 가득 채우는 개개비 노래는 목숨 건 구애 행동으로 눈길을 끌지만 소리가 아름답지는 않습니다. 노래 잘하는 가수는 따로 있습니다. 산이나 들에서 지내는 새입니다. 그들도 습지에 오는 때가 있습니다. 생명에게 꼭 필요한 물이 있는 습지는 누구라도 올 수 있는 장소입니다.

5월 습지를 화려한 소리로 물들이는 새로 울새가 있습니다. 참새만큼 작은 새로 집에 둘러놓은 울타리 틈새를 자주 들락거린다고 울새입니다. 키가 작은 떨기나무 덤불 속을 좋아하고 습지에서는 갈대밭에 몸을 숨깁니다. 이른 아침 맑은 공기를 따라 울새가 또르르르르르르 또르르르르르르 맑게 노래하면 습지는 청량한 곳으로 바뀝니다. 꾀꼬리 노래도 즐겁습니다. 고운

목소리로 노래하면 꾀꼬리 같다고 말하지만 사실 꾀꼬리 소리가 늘 곱지는 않습니다. 수컷이 암컷을 부를 때만 맑고 청아한 소리로 간절하게 노래합니다. 어쩔씨구 저절씨구 소리를 내는 검은등뻐꾸기 노래도 재미있습니다. 호꾹 호꾹 뻐꾸기 소리는 마치 고향의 소리 같습니다.

뻐꾸기는 탁란하는 새로 널리 알려져 있습니다. 개개비나 붉은머리오목눈이, 딱새처럼 몸집이 작은 새 둥지에 알을 낳습니다. 알을 많이 낳고 새끼를 잘 키우는 작은 새가 자리를 비울 때 알을 낳습니다. 둥지에 있는 알과 크기, 생김새가 비슷한 알을 낳아 어미가 뻐꾸기 알인 줄 모릅니다. 뻐꾸기 새끼가 원래 있던 알보다 먼저 알을 깨고 나와 둥지 속 알과 새끼를 밖으로 밀어냅니다.

어미 뻐꾸기는 새끼가 있는 둥지 둘레에서 자주 소리를 냅니다. 알을 자신보다 더 잘 키울 다른 어미새에게 맡겼지만 자신이 영영 떠난 것은 아니라고, 키우지 못하지만 낳은 어미는 자신이라고, 호꾹 호꾹 소리

뻐꾸기

를 내는 듯합니다. 텃세를 부리는 까치 무리에게 쫓겨 다니면서도 둥지 둘레를 벗어나지 않고 꼬리를 좌우로 흔들고 빙글빙글 돌리며 호꾹 호꾹 큰 소리를 내는 게 안타깝습니다. 어쩌면 이런 경우 '새가 운다'고 말할 수 있겠습니다. 그러나 울음소리라고 하기에는 뻐꾸기 소리가 너무 맑고 그윽합니다. 울음소리만으로 새끼를 부를 것 같지도 않습니다. 우리가 모르는 그들의 깊은 세계가 있는 듯합니다.

사람 가까이에
살다

2021년 돌곶이습지에서 제비를 처음 본 날은 4월 13일(음력 3월 2일)입니다. 제비가 온다는 삼월삼짇날 하루 전에 왔습니다. 삼짇날에는 '제비맞이'라는 풍속이 있었다고 합니다. 처음 본 제비에게 절을 세 번 하고 왼손으로 옷고름을 풀었다가 다시 여미면 여름에 더위가 들지 않는다고 믿었답니다. 제비가 찾아오는 시기가 해마다 조금씩 다르지만 큰 차이는 아직 없습니다.

제비가 습지 위 하늘에서 곡예를 하듯 이리저리 날아다니는 모습을 가끔 봅니다. 고향에 돌아온 기쁨을 표현하려는 듯 빠르게 날아다닙니다. 습지 갈대밭에 머물기도 합니다. 습지 안쪽 쓰러진 갈대 위에 쉰 마리 정도가 무리 지어 앉아서 쉬는 모습을 보기도 했습니다. 파주출판단지는 4층까지밖에 건물이 안 오르고, 단지 둘레로는 아직 옛집 형태를 유지하는 집들이 있습니다. 논과 밭이 펼쳐져 있어 제비가 흙으로 둥지를 지을 조건이 충분합니다. 덕분에 산자락 마을에는 제비 둥지가 있습니다. 출판단지랑 붙어 있는 휴게소에도 둥지가 있습니다. 출판단지 안에 있는 제비 둥지가 보고 싶었습니다.

새 둥지는 사람 집과 달리 알을 낳아 새끼를 키우는 게 가장 큰 목적입니다. 집이라기보다 새끼를 키우는 요람에 가깝습니다. 스스로를 전혀 지킬 수 없는 알과 새끼를 키우는 곳이기에 대부분 새는 둥지를 천적이 접근하기 어려운 곳이나 비밀스런 장소에 짓습니다. 그러나 그렇지 않은 새도 있습니다. 바로 제비가 그렇습니다. 제비는 사람을 무서워하지 않습니다. 아니, 무서워합니다. 제비도 사람이 다가가면 도망갑니다. 그렇지만 집 현관이나 건물 입구처럼 늘 사람이 드나드는 곳에 둥지를 짓습니다. 어쩌면 가장 조심해야 할 시기, 알을 낳고 새끼를 키우는 모든 과정을 사람 사는

제비

집에서 이어 갑니다. 새끼를 치러 강남(양쯔강 남쪽, 동남아시아)에서 찾아오는 이른 봄부터 강남으로 돌아가는 늦가을까지 내내 사람과 함께합니다.

제비는 자신을 거부하지 않으면 어느 집에나 찾아갑니다. 가난한 흥부네 집에도 부유한 놀부네 집에도 둥지를 짓습니다. 가난한 흥부네 집이라고 외면하거나 부유한 놀부네 집이라고 여러 채 둥지를 짓지 않습니다. 우리 조상들은 제비가 집 처마에 둥지를 지으면 둥지를 헐지 않았습니다. 제비가 둥지를 지으려고 흙을 물어 오다 떨어뜨리고, 새끼를 키우다가 똥을 떨어뜨릴 것을 예상했지만 개의치 않았습니다. 오히려 제비가 둥지를 틀고 새끼를 많이 치면 풍년이 든다고 좋아했습니다.

실제로 제비는 한창 농사가 바쁜 시기에 빠르게 날아다니며 벌레를 잡아먹습니다. 새끼를 키우려고 부지런히 벌레를 잡아먹어 농사에 도움을 줍니다. 덕분에 제비는 옛 마을 어느 집에 가도 볼 수 있었습니다. 농사를 짓는 백성들은 사람이 사는 집에 깃들어 사는 제비를, 가난하거나 부유하거나 가리지 않고 사람 집에 기대어 사는 제비의 처지를, 가난하고 힘없는 자신과 같은 존재로 보지 않았을까 싶습니다. 멀리 강남에서 먹이를 찾아온 제비를 애틋하게 바라보지 않았을까 싶습니다.

2020년 드디어 돌곶이습지 흙으로 둥지를 짓는 제비를 봤습니다. 제비를 처음 본 날은 4월 14일이었습니다. 제비 한 마리가 돌곶이습지 옆 작은 공원 하늘을 빠르게 지나 출판단지 안쪽으로 멀리 날아갔습니다. 옛날 집이 아직 남아 있는 마을로 가는 듯싶었습니다.

이전과 마찬가지로 출판단지 안에 둥지를 짓지 않는 것 같아 아쉬웠습니다. 4월 21일, 그러니까 처음 제비를 본 뒤 일주일 만에 습지 근처 2층 건물 난간에 제비 한 마리가 쉬고 있는 것을 봤습니다. 제비가 온 지 일주일이면 둥지 지을 장소를 정하고도 남을 시기인데 습지 근처에서 쉬고 있다면 둥지가 멀지 않으리라 짐작할 수 있었습니다. 갑자기 가슴이 뛰기 시작했습니다. 다시 일주일이 흐른 4월 28일에 제비 두 마리가 공원 위를 빠르게 날아다니는 것을 또 봤습니다. 한 쌍인 듯 보였습니다. 5월 6일에 제비 두 마리가 공중을 빠르게 날아다니며 계속 머무는 것을 확인했습니다. 근처에서 둥지를 짓고 있는 게 분명해 보였습니다.

5월 7일, 제비 두 마리가 빠르게 날아다니다가 공원 옆 회사 건물 처마 속으로 들어가는 것을 봤습니다. 제비가 들어간 작은 건물 앞으로 조심스럽게 가니, 반가워라, 입구 계단 옆쪽 감시 카메라 뒤편 벽돌에 둥지를 짓고 있었습니다. 제비를 처음 본 지 23일 만이니 다른 제비보다 늦은 듯했습니다. 그때부터 관찰했습니다. 제비 두 마리가 둥지를 짓고, 알을 5개 낳아 품고,

알을 깨고 나온 새끼들을 21~22일 동안 돌보다 둥지에서 떠나보내기까지 내내 지켜봤습니다. 6월 30일까지 거의 두 달 동안 어미새들이 더위 속에서 깃털이 닳도록 키워 새끼 네 마리가 건강하게 잘 자랐습니다. 비록 한 마리는 죽었지만요.

제비가 깃든 건물은 제본소입니다. 현장에서 일하시는 분이 둥지 아래 똥 받침대를 만들어 줬습니다. 제본소 사람들은 너나없이 코로나19로 힘든 시기에 제비가 기적처럼 복을 가져다주기를 바랐습니다. 제비가 새끼에게 집중할 수 있도록 무관심한 듯한 관심으로 지켜봤습니다.

2020년에는 1차 번식만 지켜봐 아쉬웠는데, 2021년에는 2차 번식까지 볼 수 있었습니다. 지난해에 둥지를 튼 ㈜앤에스피티에 제비가 다시 올까 기웃거렸지만 오지 않았습니다. 아쉬운 마음에 습지 둘레를 살펴보다가 5월 20일에서야 습지 위를 날아다니던 제비가 삼성BCM 건물로 들어가는 것을 봤습니다. 회사 안으로 들어가 인사를 하고 알아보니 제비가 비가림막 안쪽에서 알을 품고 있었습니다. 회사에서는 봄에 비가림막 교체 공사를 하려고 했습니다. 그때 제비를 지켜보던 허양 님이 비가림막 아래서 제비가 알을 품고 있다는 사실을 대표에게 알리며 교체 연기를 요청했습니다. 대표가 흔쾌히 받아들여 제비가 안심하고 지낼 수 있게 되었습니다.

제비를 보다 보면 제비 생태를 알 수 있어 즐거울 뿐만 아니라 제비를 아끼는 사람들을 만나는 즐거움도 큽니다. 허양 님은 제비 둥지 밑에 똥 받침대도 만들고 비가림막 위에 스티로폼을 올려 둥지를 덜 덥게 한 분입니다. 제비 사랑이 지극합니다. 제비 생태도 잘 알고 있습니다. 제비 둥지에 이따금 찬 바람을 불어 넣는 박일진 님도 제비를 아끼는 분입니다. 이런 분들과 함께 번식에 지장을 주지 않도록 노력하며 제비를 살펴봤습니다. 1차 번식에서 두 마리를 키우는 데에 성공하고, 2차 번식 때는 세 마리를 키우는 데에 성공했습니다. 두 마리가 우리나라에 와서 돌아갈 때는 일곱 마리가 된 셈입니다. 2차 번식 때 태어난 어린 제비들이 돌곳이습지 갈대밭에서 놀던 7월 29일까지 살펴봤습니다.

제비를 돌보는 사람들

허양 님

제비 둥지에 바람을 불어 넣는 박일진 님

제비

새끼 똥을 부리로 받는 어미

먹이를 조르는 새끼

둥지를 막 떠난 어린새 세 마리

가끔 사람들이 사진을 보내옵니다. 눈을 뜨지 못
하는 어린새들이 오글오글 몰려 있는 둥지 사진입니
다. 개인 우체통에 둥지를 짓고 새끼를 낳은 새가 누구
인지, 집 안 현관 앞에 있는 신발장에서 새끼를 키우는
새가 누구인지 궁금하다고 묻습니다. 인가 근처에서
쉽게 보는 참새를 떠올릴 수 있지만 열이면 아홉은 딱
새입니다.

인가와 근처에 둥지를 튼 딱새 사례는 무궁무진합니다. 도시 변두리나 농촌, 인가 둘레에서 살아가며 나무 구멍, 쓰러진 나무 밑, 처마 밑, 창고 안, 기계실 구석, 난로 화통, 주전자 등 다양한 곳에 이끼와 나무껍질을 재료 삼아 둥지를 짓습니다. 제비가 사람 눈에 띄는 곳에 둥지를 짓는다면 딱새는 인가에 둥지를 틀더라도 사람 눈을 피합니다. 그렇다고 아주 은밀하게 둥지를 짓지는 않아서 관심을 기울이면 찾을 수 있습니다.

인가에 둥지를 트는 딱새를 생각하면 평생 어린이한테 주는 글을 썼던 권정생 선생님이 떠오릅니다. 선생님이 살던 조탑리 오두막에 깃들어 살던 딱새가 따라옵니다. 딱새는 선생님 댁 벽돌 속에 둥지를 지었습니다. 딱새가 알을 낳아 품고 새끼를 키우는 것을 선생님이 어느 날 보셨겠지요. 선생님은 딱새가 조금 더 편한 곳에서 새끼를 키울 수 있도록 나무 둥지를 만들어 벽돌 사이에 끼워 넣었습니다. 선생님이 사시는 동안 딱새는 그곳에서 알을 낳고 새끼를 키웠습니다. 그러나 선생님이 돌아가시고 난 뒤 딱새가 깃들지 않았습니다.

권정생 선생님 댁 딱새 둥지

기일에 찾은 선생님의 오두막은 쓸쓸했습니다. 선생님과 함께하던 딱새라도 있으면 위안이 되었으련만 딱새까지 없어 너무 아쉬웠습니다. 그런데 2010년, 선생님이 돌아가시고 난 뒤 3년이 되던 해에 딱새가 돌아왔습니다. 선생님이 돌아가시고 이태 내리 찾아오지 않았지만 그해에는 찾아와 알을 낳았습니다. 선생님을 만난 듯 얼마나 반가웠는지 모릅니다. 그러나저러나 최근 몇 년, 기일에도 선생님을 찾아뵙지 못했습니다. 딱새 둥지 혼자 세월에 삭고 있는 건 아닌지 모르겠습니다.

사라질
위기에 처해
더욱 귀하다

새에 별다른 관심이 없던 2011년 9월 24일, 새로 인연을 맺은 사람들과 강화나들길을 걷다가 바닷가에서 홀로 열심히 부리를 젓는 새를 만났습니다. 그동안 제 머릿속에 있는 새랑 여러 가지가 달랐습니다. 깃털은 온통 흰색에 다리와 부리만 검었습니다. 커다란 몸집에 검정 부리가 거의 다리만큼 길고 두께는 더 되는 듯했습니다. 부리가 너무 무겁겠다 생각했습니다. 같이 걷던 분한테 물었습니다.

"저 새 이름이 뭐예요?"

"저어새입니다. 부리를 저렇게 좌우로 저으며 먹이를 잡는다고 저어새입니다."

"이름이 재미있네요. 철새인가요?"

"예. 여름 철새입니다. 우리나라 무인도나 강화도에서도 번식합니다."

새에 관심을 갖게 된 뒤 저어새 번식지를 보고 싶었습니다. 2015년 여름에 기회가 왔습니다. 저어새에게 둥지를 만들어 주고 살펴보는 연구자와 지역민 틈에 끼어 갔습니다. 썰물이면 바닥이 드러나고 밀물이면 일부가 물에 잠기는 널따란 바위섬에 저어새 60여 마리가 모여 있었습니다. 배 타고 나가 바다에서 바라본 저어새 무리는 푸른 바다와 하늘, 똥으로 하얗게 얼룩진 바위와 어울려 인상 깊었습니다. 바위에는 왜가리와 민물가마우지, 노랑부리저어새도 있었습니다. 노랑부리저어새는 겨울 철새인데 몇 해 전부터 여름 철새인 저어새 무리와 함께 지내고 저어새랑 혼인에 성공하기도 했답니다. 겨울 철새와 여름 철새가 공존하는 바다 한가운데의 바위섬, 그곳이 저어새의 중요한 번식지였습니다.

저어새 대부분은 고향이 우리나라입니다. 전 세계 저어새가 1988년에는 300마리 밑으로 떨어져 멸종될 위기였습니다. 다행히 월동지인 대만을 중심으로 보호가 이루어져 2021년 1월에 5,222마리를 기록했습니다. 아직 더 많이 불어나야 하는 상황이지만 많은 사람이 관심을 기울인 덕분에 이만큼이라도 늘었습니다.

우리나라에서 저어새는 천연기념물로 지정되었습니다. 저어새를 비롯한 천연기념물은 문화재청에서

저어새 어미새와 어린새(오른쪽)

보호, 관리합니다. 2020년『한국의 새』도감에 수록된 573종 새 중에서 46종이 천연기념물입니다. 대체로 크고 눈에 띄는 새가 지정되었고 그런 만큼 멸종 위기에 처한 새가 많습니다. 크낙새는 멸종되었고, 황새랑 따오기는 우리나라에서 멸종되었다가 다른 나라 도움을 받아 되살렸습니다. 원앙과 황조롱이는 네 계절 어렵지 않게 볼 수 있습니다. 천연기념물 새 이름을 한 종 한 종 불러 봅니다.

크낙새, 까막딱다구리, 검은머리물떼새, 팔색조, 두루미, 재두루미, 흑두루미, 검은목두루미, 노랑부리백로, 황새, 먹황새, 따오기, 저어새, 노랑부리저어새, 고니, 큰고니, 흑고니, 개리, 흑기러기, 원앙, 호사비오리, 느시, 뿔쇠오리, 호사도요, 뜸부기, 두견이, 흑비둘기, 독수리, 검독수리, 참수리, 흰꼬리수리, 참매, 붉은배새매, 개구리매, 새매, 알락개구리매, 잿빛개구리매, 매, 황조롱이, 올빼미, 수리부엉이, 솔부엉이, 쇠부엉이, 칡부엉이, 소쩍새, 큰소쩍새.

돌곶이습지에서 본 천연기념물은 재두루미, 저어

새, 노랑부리저어새, 큰고니, 개리, 원앙, 흰꼬리수리, 참매, 잿빛개구리매, 황조롱이 10종입니다.

저어새는 멸종위기 야생생물 Ⅰ급이기도 합니다. 멸종위기 야생생물은 환경부에서 지정합니다. 관리 기관에서도 드러나지만 천연기념물은 대상을 문화재로 보는 눈이고 멸종 위기종은 생물로 보는 눈입니다. 새를 사랑하는 사람은 멸종 위기종을 더 따질 수밖에 없습니다. 환경부가 지정한 멸종 위기종 새는 Ⅰ급 14종, Ⅱ급 49종입니다. 멸종 위기종 Ⅰ급인 새를 한 종 한 종 불러 봅니다. 검독수리, 넓적부리도요, 노랑부리백로, 두루미, 매, 먹황새, 저어새, 참수리, 청다리도요사촌, 크낙새, 호사비오리, 흑고니, 황새, 흰꼬리수리입니다.

Ⅱ급도 불러 봅니다. 개리, 검은머리갈매기, 검은머리물떼새, 검은머리촉새, 검은목두루미, 고니, 고대갈매기, 긴꼬리딱새, 긴점박이올빼미, 까막딱다구리, 노랑부리저어새, 느시, 독수리, 따오기, 뜸부기, 먹황새, 무당새, 물수리, 벌매, 붉은배새매, 붉은해오라기, 뿔쇠오리, 뿔종다리, 새매, 새호리기, 섬개개비, 솔개,

쇠검은머리쑥새, 수리부엉이, 알락개구리매, 알락꼬리
마도요, 올빼미, 재두루미, 잿빛개구리매, 조롱이, 참매,
큰고니, 큰기러기, 큰덤불해오라기, 큰말똥가리, 팔색
조, 항라머리검독수리, 호사비오리, 흑기러기, 흑두루
미, 흑비둘기, 흰목물떼새, 흰이마기러기, 흰죽지수리.

저어새는 천연기념물이자 멸종위기 야생생물 Ⅰ
급인 새입니다. 강화도 바위섬이나 인천 남동유수지에
있는 인공 섬, 서해안 무인도에서 번식한 저어새가 먹이
를 찾아 돌곶이습지까지 옵니다. 가슴에 노란색 깃털과
뒷머리에 댕기를 단 번식기 어른새는 물론 갓 태어나서
어미새를 따라다니는 어린새도 훨훨 날아옵니다.

돌곶이습지에서 저어새를 관찰하다 재미있는 장
면을 봤습니다. 한여름이었습니다. 저어새 두 마리가
부리를 물에다 젓고 있었습니다. 한 마리는 부리 색깔
도 옅고 움직임도 민첩하지 않은 어린새였습니다. 어
미새를 따라 낯선 곳까지 왔습니다. 두 마리가 떨어져
있을 때는 부리를 제각기 젓지만 가까워지면 어린새가
어미새를 쫓아다니며 먹이를 달라고 졸랐습니다. 고개

를 위아래로 흔들며 동시에 부리를 쩍쩍 벌려 보챘습니다. 어미새는 어린새 요구를 들어주지 않으려고 거리를 뒀습니다. 거리가 멀어지자 어린새는 다시 부리를 물에 대고 저으며 스스로 먹이를 찾았습니다. 그러다가 다시 어미새가 가까이 있으면 쫓아다니며 먹이를 졸랐습니다. 어린새가 스스로 자라기를 바라는 어미새가 휙 멀리 날아갔습니다. 어린새가 어김없이 쫓아갔고요.

감동을 받은 적도 있습니다. 월동지에서 온 지 얼마 되지 않은 이른 봄, 물이 얕게 깔린 돌곶이습지에서 저어새 두 마리가 제각기 부리를 물에 대고 젓고 있었습니다. 부리를 휘휘 저으면 물고기나 먹잇감이 깜짝 놀라 움직입니다. 부리 감각이 예민한 저어새가 그것을 놓칠 리 없습니다. 움직임이 있는 곳으로 풀쩍풀쩍 뛰어가더니 길고 넓적하며 탄력 있는 부리로 먹이를 덮친 뒤 물어 올렸습니다. 사실 사냥에 성공하는 경우는 드문데 운이 좋았습니다. 그렇게 서로 앞서거니 뒤서거니 걸으며 부리를 젓던 둘은 피곤한지 잠시 쉬었습니다. 그러더니 서로에게 다가가 고개를 땅과 수평이 되게 옆으로 꺾어 상대 깃털을 정성껏 다듬어 줬습니다. 부리가 길어 목 같은 데는 스스로 깃털을 다듬을 수 없기에 그런 부분을 정확히 골라 서로 깃털을 다듬어 줬습니다. 혼자서는 할 수 없지만 둘이 하니 가능한 모습이 묵직하게 다가왔습니다.

노랑부리저어새는 저어새과이지만 저어새랑 많이 다릅니다. 저어새는 여름 철새이고 노랑부리저어새는 겨울 철새입니다. 저어새는 전 세계에 5,000여 마리밖에 없지만 여름에 우리나라 번식지를 가면 한꺼번에 100여 마리까지 볼 수 있습니다. 노랑부리저어새는 전 세계로 보면 개체 수가 저어새보다 수십 배 많지만 우리나라에는 300마리도 오지 않는다고 합니다. 외모도 차이가 납니다. 노랑부리저어새는 부리 끝이 노란색이라서 부리 전체가 검은 저어새와 다릅니다. 또 눈앞이 폭 좁은 검은색이어서 눈 둘레가 완전히 검은 저어새와 구별할 수 있습니다. 아울러 노랑부리저어새는 내륙 습지에서 주로 겨울을 나서 주로 여름 해안 습지에서 먹이를 찾는 저어새랑 좋아하는 장소도 다릅니다. 노랑부리저어새는 천연기념물이자 멸종위기 야생생물 II급입니다.

돌곶이습지에 해마다 노랑부리저어새가 20여 마리 찾아옵니다. 30여 마리까지 보기도 했습니다. 우리나라에 오는 노랑부리저어새 10분의 1이 돌곶이습지에 오는 셈입니다. 한겨울 안개 낀 새벽 습지에 노랑부리저어새 무리가 부리를 등에 얹고 쉬는 모습을 보고있으면 이곳이 얼마나 귀한지 절감합니다. 노랑부리저어새 무리 곁에 대백로 무리가 자주 함께합니다. 쉴 때뿐만 아니라 사냥할 때도 그렇습니다. 노랑부리저어새가 부리를 물에 휘휘 저으며 나아갈 때 놀란 물고기가튀면 옆에 있던 대백로가 달려듭니다. 일은 노랑부리저어새가 하고 먹이는 대백로가 채어 가는 게 아닌가생각할 수 있습니다. 그런 측면이 있지만 대백로도 노랑부리저어새에게 이로운 짓을 합니다. 노랑부리저어새가 부리를 젓느라 위험이 닥쳐도 모르고 있을 때 대백로가 먼저 날면서 소리를 지릅니다. 위험을 눈치 챈노랑부리저어새가 급하게 대응합니다.

노랑부리저어새와 흰뺨검둥오리·쇠오리(위)

여름 물가에서
만나다

어린 시절 한여름에는 냇물에서 살다시피 했습니다. 고향 마을 앞 냇물은 산을 휘감아 도는 곳이 깊었습니다. 거기서 동무들과 옷을 훌훌 벗고 멱을 감았습니다. 바위 위에 올라 팔을 쭉 뻗고 거꾸로 물에 들어가기도 했습니다. 생각해 보니 그때는 냇물이 멱을 감을 만큼 깨끗했고 아무리 한여름이더라도 지금처럼 더위가 심하지는 않았습니다. 그러나 지금은 환경이 나빠진 데다 기후 위기가 더해져 이래저래 무더위가 참 힘겹습니다.

더위가 힘들기는 새도 마찬가지입니다. 아니, 더힘든 여건입니다. 새는 평균 체온이 대체로 40도 안팎으로 사람보다 높거든요. 심지어 참새는 41.5도나 되고요. 체온이 높을 뿐만 아니라 높은 체온을 유지하고자 심장도 빠르게 뜁니다. 사람 심장이 1분에 60~70번 뛰는 동안 까마귀는 345번, 참새는 무려 460번이나 뜁니다. 벌새는 1,200번이나 뛴다고 합니다. 에너지를 온몸에 보내려고 빠르게 뛰는 심장을 달고 새는 한여름에도 먹이를 잡으려고 계속 몸을 씁니다. 먹이를 저장해 놓지 않기 때문에 날마다 사냥을 해야만 합니다.

사람에게는 수백만 개 땀샘이 있습니다. 체온이 오르면 땀샘으로 땀이 나가면서 열을 떨어뜨려 체온을 낮춥니다. 그러나 새에게는 땀샘이 없습니다. 더우면 그늘에서 쉬거나 그도 어려우면 헉헉거리며 더운 기운을 토해 냅니다. 또는 어린 시절 저처럼 물에 들어가야 합니다. 어린새들이 더위를 더 힘들어합니다.

심학산 자락에서 새끼를 키운 꾀꼬리가 더위를 식히고 어린새에게 세상 구경도 시켜 줄 겸 돌곶이습지에 찾아옵니다. 습지에서 날개로 수면을 치며 날아 더위를 식힙니다. 어른새는 몸 깃털 색깔이 온통 노란

부리를 벌리고 헉헉대는 새들

쇠박새 어린새

직박구리 어린새

오목눈이 어린새

왜가리 어린새

색입니다. 부리는 붉은색으로 크고, 검은색 눈선이 뚜렷합니다. 노란색에 붉은색과 검은색이 더해져 조화롭습니다. 꾀꼬리 생김새가 아름답다고 머리로는 알고 있었지만 처음 직접 본 날은 깜짝 놀랄 정도였습니다. 어린새는 몸 윗면에 녹색 기운이 돌고, 몸 아랫면에는 흑갈색 줄무늬가 있습니다. 부리도 완전하게 붉지 않아 어린새임을 금방 알 수 있습니다.

꾀꼬리 소리는 투명하고 맑게 퍼져 정말 노랫소리처럼 들립니다. 우리나라에 막 도착해 짝을 찾는 봄에 쉽게 들을 수 있고 무더울 때도 가끔 들을 수 있습니다. 짝을 찾으며 부르는 아름다운 노래를 듣고 있으면 우리나라 최초의 서정가요라고 알려진 고구려 유리왕의 「황조가」가 저절로 생각납니다. "펄펄 나는 저 꾀꼬리 / 암수 서로 정답구나 / 외로운 이내 몸은 / 누구와 함께 돌아갈거나" 교과서에서 배운 덕분에 암수 정다운 새로 머릿속에 새겨져 있습니다. 실제로 짝지을 때 정다운 것은 물론이고 새끼를 키울 때 보면 암컷 수컷 모두 열심입니다. 그렇다고 꾀꼬리가 아름다운 소리만 내는 건 아닙니다. 깨액 꽤액이나 피유웅 피유웅처럼 꾀꼬리가 내는 것이라고는 믿기 어려울 만치 기괴한 소리를 내기도 합니다. 어린새가 내는 소리도 독특합니다. 특히 어미에게 먹이를 달라고 보채는 소리는 어른새 노래랑 달라도 너무 다릅니다.

꾀꼬리에 환호하던 외국 젊은이가 인상 깊게 남아 있습니다. 미국에서 우리나라 말과 글을 배우러 온

꾀꼬리

젊은이는 새에 관심을 두기 시작했다며 우리나라 새를 보고 싶어 했습니다. 외국 젊은이와 우리나라 젊은이, 20대 청춘 둘과 함께 셋이서 하루를 보내게 되어 어디에 가서 무엇을 보여 줄까 고민하다가 비무장지대에 들어갔습니다. 젊은이는 군인한테 신분증을 맡기고 들어가는 과정부터 놀라더니 임진강과 둘레 자연 환경에 감탄했습니다. 길을 벗어나면 지뢰가 터져 발목이 날아갈 수 있다는 말에 눈이 동그래졌지만 금방 새에 빠져들었습니다. 쉽게 보기 어려운 청호반새, 휘파람새, 칡때까치, 붉은배새매, 파랑새를 보며 기뻐했습니다. 가장 큰 반응을 보인 새가 꾀꼬리였습니다. 녹음 짙은 숲에서 노란색으로 빠르게 날아가는 모습에 흥겨워하다 우리 머리 위로 날아가자 환호했습니다. 꾀꼬리가 지뢰보다 더 강렬한 인상을 줬겠다 싶었습니다.

한여름 돌곶이습지에 몸을 식히러 오는 여름 철새 가운데 파랑새도 눈에 잘 띕니다. 배를 수면과 탁 부딪쳐 날아가며 몸을 식힙니다. 파랑새는 청록색 몸에 검은색 머리, 붉은 부리와 다리가 강렬합니다. 색깔만 강렬한 게 아니라 꽉 꽉 꽈과곽 꽈과곽 거친 소리를 내

지릅니다. 둔치 버드나무에 앉았다가 거친 소리를 내며 습지 위를 날아다니곤 합니다.

성질도 사납습니다. 스스로 둥지를 짓지 못하는 파랑새는 딱다구리가 파 놓은 구멍에 들어가서 알을 낳거나 까치집에 둥지를 틉니다. 구멍에 딱다구리가 있어도, 까치집에 까치가 있어도 그들과 싸워 쫓아냅니다.

파랑새

텃새 까치는 자기 영역 경계가 심하고 덩치도 파랑새보다 큽니다. 그런데 까치집에 들어가려고 까치랑 치열하게 맞붙어 마침내 빼앗는 장면을 본 적이 있습니다. 새끼 치러 먼 곳까지 와서 둥지가 너무 필요하기 때문이겠지만 동네 깡패라고도 불리는 까치를 쫓아내는 모습에 혀를 내둘렀습니다.

파랑새는 사람을 공격하기도 합니다. 2021년 7월 집 근처 생태공원에서 파랑새 번식을 확인했습니다. 생태공원 입구 앞에 있는 구조물 일부가 오래된 나무 기둥입니다. 파랑새가 이 기둥 거의 가장 높은 곳 구멍에 둥지를 틀고 새끼를 키우고 있었습니다. 사람들이 많이 다니는 곳에 둥지가 있어 신기하기도 하고 혹시 번식에 방해가 되지 않을까 걱정스럽기도 해서 자주 그곳을 찾았습니다.

파랑새 새끼 덩치가 어느덧 거의 어미만큼 자라 둥지가 좁을 즈음이었습니다. 공원 앞 연못에서 어른새 두 마리를 보고 공원 앞을 걷는데 두 마리가 둥지 쪽으로 날아왔습니다. 지금까지 그래왔듯 양버즘나무 가지에 앉으리라 예상했는데 꺅 꺄개객 거친 소리를 냈습니다. 둥지 근처에서는 둥지가 노출될 위험이 있어 잘 소리를 내지 않는데 한 마리는 멀리 날아가고 한 마리가 하늘에서 계속 소리를 냈습니다. 하늘로 불쑥 솟구치는가 싶더니 급강하해 몸의 무게를 실어 쏜살같이 제게 날아와 제 눈을 부리로 찌르려는 듯했습니다. 파랑새 몸무게가 70~125그램이니 제 몸무게의 1/1,000밖에 되지 않지만 갑작스런 위협에 심장이 오그라드는 듯했습니다.

파랑새는 제 눈을 똑바로 쳐다보며 쳐들어오다 3미터 앞에서 위로 솟구쳐 올랐습니다. 양버즘나무 꼭대기 높이까지 오르다 다시 방향을 틀었습니다. 하늘에 떠서 꺅 꺄개객 거친 소리를 내더니 다시 제게 쳐들어오듯 날아들었습니다. 한 번 위협을 당했기 때문에 방어 태세를 취하며 소리쳤습니다. "이눔 파랑새야. 너는 적도 못 알아보냐. 나는 네 적이 아니야. 네 새끼를 해칠 뜻이 전혀 없어. 너무 높은 곳에 둥지가 있어 해칠 수도 없어." 그러나 파랑새는 아랑곳하지 않았습니다. 쳐들어오듯 달려들다 정확히 3미터 앞에서 위로 솟구

치기를 반복하더니 근처 전봇대 위에 앉았습니다. 그러고는 저를 쳐다봤습니다. "에구구. 알았다, 알았어, 미안해" 라고 말하며 자리를 피했습니다. 파랑새는 내내 저를 감시했고요.

새가 자기 몸무게의 거의 1,000배나 되는 사람에게 위협을 가하는 경우는 흔치 않습니다. 저를 기준으로 하면 제가 70톤이나 되는 거대한 괴물을 위협하는 상황과 같기 때문입니다. 그러니 새가 사람을 위협하는 경우는 새끼가 위험하다고 판단할 때뿐입니다. 새는 먹잇감을 빼앗기는 상황에서도 사람을 위협하지 않고 도망갑니다. 도시에서 볼 수 있는 커다란 큰부리까마귀도 새끼가 위험에 처하면 사람 뒤에서 위협한다고 합니다. 새에게 사람은 너무 무서운 존재인데 대담한 파랑새는 정면으로 저를 위협했습니다. 그럴 때는 재빨리 피하는 게 상책입니다. 어리석은 저처럼 "나는 네 적이 아니야"라고 변명할 필요가 없습니다. 파랑새가 보기에 둥지 근처를 알짱대는 사람은 그저 적일 뿐입니다. 더구나 새끼가 막 둥지를 나가야 할 때 알짱댄다면 온몸으로 싸워야 할 대상입니다. 그러니 혹여 새끼가 있는 둥지 근처에 있게 되면 새를 놀라게 하지 않되 서둘러 자리를 피하는 게 좋습니다. 파랑새 어미에게 삼십육계 줄행랑을 치는 괴물 모습을 보여 준들 사람 세계에 소문을 내지도 않을 테니 괜찮습니다.

동학 혁명 당시 전봉준과 관련된 노래가 떠오릅니다. "새야 새야 파랑새야 / 녹두밭에 앉지 마라 / 녹두꽃이 떨어지면 / 청포장수 울고 간다" 여기서 녹두밭은 녹두장군 전봉준을, 청포장수는 백성을 상징한다고 합니다. 그렇다면 파랑새는 무엇일까요. 당시 푸른색 군복을 입었던 일본군을 가리킨다고 합니다. 맞는 해석일지 모르지만 남의 나라를 빼앗으려고 들어온 일본군과 다른 새 둥지를 빼앗아 자기 둥지로 삼는 파랑새는 일맥상통합니다. 파랑새 생태를 잘 알고 노래에 담은 셈입니다. 그렇다 하더라도 딱다구리가 여전히 둥지를 짓고, 까치집이 줄어들지 않으며, 파랑새 숫자가 확 늘어나지 않는 것을 보면, 새들은 스스로 균형을 맞춰 나가는 게 아닐까 싶습니다.

작은 날개에
큰 하늘이
가득하다

세상에서 가장 높이 나는 새는 루펠독수리로 1만 1,300미터까지 날아오릅니다. 루펠독수리가 비행기랑 충돌해서 알게 된 높이입니다. 사람이라면 숨을 쉴 수도 없을 만큼 높은 곳에서 격렬하게 날갯짓하는 걸 보니 폐가 엄청난 모양입니다. 가장 멀리 나는 새는 극제비갈매기입니다. 극제비갈매기는 번식지 북극에서 새끼를 키우고 월동지 남극으로 날아가는데 그 거리를 합하면 무려 4만 킬로미터가 됩니다. 해마다 지구를 한 바퀴씩 도는 셈입니다.

두 새만큼은 아니지만 도요새도 높이 날고 멀리 날아가는 새입니다. 우리나라를 거쳐 가는 큰뒷부리도요는 한 번도 쉬지 않고 번식지 알래스카에서 월동지 뉴질랜드까지 날아갑니다. 달나라까지 갈 만큼 멀리 날아가는 새라고 해서 '문 버드'라는 애칭까지 붙은 도요도 있습니다. 붉은가슴도요입니다. 23.5센티미터 작은 몸으로 시베리아 북부와 북아메리카 북부, 그린란드에서 번식하고, 서유럽과 아프리카, 오스트레일리아와 남아메리카에서 겨울을 납니다. 원래 북극 근처에 살았는데 기온이 낮아지면서 따뜻한 곳을 찾아 남쪽으

로 이동했습니다. 그 뒤 수천 년이 흐르면서 붉은가슴
도요는 서로 다른 여섯 경로를 따라 갈라지면서 여섯
아종으로 나뉘었습니다. 그중 한 아종에 가락지를 달
아 연구해 보니 해마다 2만 9,000킬로미터를 오갔습니
다. 한반도 길이가 약 1,000킬로미터이니 한반도를 29
번 종단하는 거리입니다. 평생 52만 3,000킬로미터를
넘게 날았고, 이는 지구에서 달까지 갔다가 반쯤 돌아
오는 거리입니다.

워낙 먼 거리를 날아야 하기 때문에 도요는 이동
할 때가 되면 날기에 적합하게 변신합니다. 날 때 불필
요한 다리 근육을 줄이고, 날 때 꼭 필요한 가슴 근육을
살찌웁니다. 며칠씩 하늘에 떠서 날아야 하므로 소화
기관 크기와 무게도 줄입니다. 몸 내부뿐만 아니라 깃
털도 바꿉니다. 1년에 한 번씩 비행깃을 완전히 새것으
로 갈고, 깃털 색깔을 두 번 바꿉니다. 수천 킬로미터를
날아 겨우 중간 기착지에 다다르면 도요새 몸은 반쪽
이 됩니다.

우리나라에서 볼 수 있는 도요새는 대부분 봄과

가을에 거쳐 가는 나그네새입니다. 아주 적은 수가 새끼를 치기도 하고 겨울을 나기도 하지만요. 봄에는 우리나라를 비롯한 중간 기착지에 머물며 반쪽이 된 몸을 회복한 뒤 번식지인 북극권으로 날아갑니다. 가을(이라고는 해도 한여름부터)에는 번식을 하고 월동지로 가려고 우리나라에 들릅니다. 우리나라를 거치지 않고 곧바로 월동지로 가는 도요새도 있어 봄보다는 찾아오는 수가 적습니다.

도요새는 보통 8월부터 보이는데 2021년에는 7월부터 많이 보였습니다. 까닭을 알아보니 북극권 기후 변화 탓이었습니다. 시베리아와 알래스카에 크나큰 화재가 잦았습니다. 기온이 높아져 풀과 나무가 더 잘 자라고, 따스한 공기가 상승 기류를 타고 올라가 번개가 자주 치니 도요새가 번식하는 곳에 화재가 자주 났습니다. 번식하고 싶어도 할 수 없는 상황이었습니다. 번식깃을 달고 찾아온 도요새가 반가웠지만 마냥 기쁘지만은 않았습니다. 도요새는 오랜 세월에 걸쳐 생존 전략을 몸에 새겨 왔는데, 요즘 같은 급작스러운 변화에 맞춰서도 생존 전략을 세울 수 있을지 걱정입니다.

돌곶이습지에서 본 도요새는 청다리도요, 깝작도요, 삑삑도요, 알락도요, 꺅도요, 민물도요, 학도요입니다. 청다리도요는 다리가 길어 날렵한 느낌이며 날아갈 때 청청청청 맑은 소리를 냅니다. 깝작도요는 먹이를 찾으러 걸어 다닐 때 꼬리를 위아래로 까딱까딱 깝작댑니다. 삑삑도요는 날아갈 때 삐비삑삑 소리를 냅니다. 알락도요는 깃털이 알록달록하다고 알락도요입니다. 꺅도요는 몸을 웅크리고 조심스레 먹이를 찾다가 위험한 상황이 되면 날아가면서 꺅 소리를 냅니다. 겨울에 돌곶이습지에서 월동하는 모습을 여러 차례 봤습니다. 흰 눈이 쌓인 갈대밭 구석에 웅크리고 있는 모습이 이채로웠습니다. 민물도요는 부리가 아래로 약간 휘어 있고 무리를 잘 짓습니다. 돌곶이습지에는 기껏해야 수십 마리가 찾아올 뿐이지만 수천 마리가 무리를 짓기도 합니다. 바닷가에서 수천 마리가 한꺼번에 날아올라 공중에서 여러 번 방향을 틀며 날아다니는 모습은 환상입니다. 학도요는 다리가 길고 붉은색입니다. 붉은색 다리 학도요가 돌곶이습지에 온 날, 마치 학이 돌곶이습지에 돌아온 듯 기뻤습니다. 예전에는 학이 돌아다니던 곳에 출판단지가 들어서며 학이 오지

않게 되었는데 학도요가 찾아와 줬습니다. 도요새가
더 많이 찾아오기를 상상하고 꿈꿉니다.

흔히 도요새와 물떼새를 한꺼번에 묶어 도요물떼
새라고 부릅니다. 둘 다 도요목에 속하거든요. 물떼새
의 가장 큰 특징은 큰 눈과 짧은 부리입니다. 도요새는
긴 부리를 갯벌 속에 넣어 바닥을 콕콕 찌르면서 부리
에 전해지는 움직임으로 먹이를 사냥하는 반면 시력이

꺅도요

좋은 물떼새는 걸으면서 큰 눈으로 먹이를 찾은 다음 부리나케 쫓아가 잡아먹습니다. 그래서 도요새는 갯벌 속에 사는 갯지렁이 같은 먹이를 잘 찾고, 물떼새는 갯벌 위에서 볼 수 있는 게나 조개를 주로 먹습니다. 돌곶이습지에는 밀물 때면 헤엄을 치거나 잠수를 할 수 있는 물새가 찾아오고, 썰물 때면 개흙에서 먹이를 찾아다니는 물새가 찾아옵니다. 물이 얕거나 바닥이

장다리물떼새

드러난 개흙에서 먹이를 찾아다니는 물새가 바로 도요물떼새입니다. 돌곶이습지에서 본 물떼새는 꼬마물떼새, 흰목물떼새, 댕기물떼새, 장다리물떼새입니다.

　　꼬마물떼새는 물떼새 중에 가장 작아 이름에 '꼬마'가 붙었습니다. 우리나라에서 번식하며 새끼가 위험한 상황에 닥치면 다친 척하며 천적을 다른 곳으로 이끌 만큼 영리합니다. 돌곶이습지에서 짝짓기하는 모습을 봤으니 멀지 않은 곳에서 번식한다고 짐작할 수 있습니다. 흰목물떼새는 꼬마물떼새랑 생김새가 비슷하지만 몸이 조금 더 크며 가슴에 있는 검은색 줄무늬가 가늘고 부리가 긴 편입니다. 댕기물떼새는 머리에 댕기처럼 생긴 깃이 하늘로 뻗어 있습니다. 수컷은 광택이 나는 녹색 깃털과 높이 치솟은 댕기 덕분에 물떼새 중에서 가장 우아합니다. 장다리물떼새는 늘씬한 분홍빛 다리로 경중경중 걸어 다닙니다. 경중경중 걷다가 부리로 물속을 콕콕 찍고 다시 두세 걸음 경중경중 걷다가 부리로 물속을 콕콕 찍는 리듬을 보노라면 춤추는 작은 학을 만난 듯 반갑습니다.

가을을
물고 오다

　　가을 하늘이 높고 파랗습니다. 흰 구름이라도 떠 있으면 가슴이 파랗게 물들며 두둥실 떠오릅니다. 봄날 자욱한 미세먼지를 겪은 뒤로 깨끗한 하늘을 보면 그리 고마울 수 없습니다. 지금 누리는 파란 하늘 한 조각이 당연하지 않다는 것을 깨달은 뒤로 느끼는 고마움입니다. 고개 들어 보고 있으면 몸과 마음이 깨끗해지거니와 영혼도 닦이는 기분입니다. 가을 하늘의 절정은 아무래도 시월입니다. 시월 하늘에 저 멀리서 기러기가 끼룩 끼룩 시옷 글자를 그리며 날아오면 지금 이 순간은 문득 가슴 아릿한 시간으로 바뀝니다.

　　기러기는 유라시아 북부 탁 트인 툰드라 지역에

서 새끼를 치고 겨울을 나려고 우리나라에 옵니다. 9월 하순부터 하늘 높이 날아오는 장면을 볼 수 있습니다. 아침 햇빛을 받으며 날아오기도 하고, 붉게 물든 저녁 놀과 함께 내려오기도 합니다. 찬비 맞으며 내려오기도 합니다. 그러다 겨울을 날 만한 곳에 내려앉습니다. 밤에도 천적이 다가오면 금방 알아챌 수 있어야 하니 물가여야 하고, 낮에는 먹잇감을 쉽게 찾을 수 있는 곳이어야 하니 농경지 근처가 딱 알맞습니다.

9월 하순에는 기러기가 돌곶이습지에 내려앉지 않습니다. 높이 떠서 남쪽으로 날아가는 장면이나 한강 모래밭에 내려앉아 먹이를 먹으러 날아다니는 모습을 볼 따름입니다. 그러다가 용감한 기러기가 10월 초에 습지에 내려앉으면 그때부터 기러기가 늘어납니다. 어떤 기러기가 가장 먼저 내려앉을지 궁금했습니다.

우리나라에서 볼 수 있는 기러기는 대부분 큰기러기와 쇠기러기입니다. 서로 다른 종이지만 얼핏 보면 생김새가 닮아서 부리나 가슴을 살펴봐야 구별할 수 있습니다. 2020년에는 9월 24일에 습지 위를 날아가는 기러기를 처음 보고, 10월 6일에 습지에 내려앉는 기러기를 처음 봤습니다. 큰기러기와 쇠기러기 무리가 날아다녔지만 습지에 내려앉은 기러기는 큰기러기였습니다. 오후 늦게 습지 위 푸른 하늘을 몇 바퀴 돌던 네 마리 한 식구가 내려앉았고, 그들의 용기에 힘입어 그날 열네 마리가 내려앉았습니다. 이때부터 기러기 수가 확 늘어났습니다.

기러기는 암수가 짝을 이루면 죽을 때까지 함께 다니며 서로를 챙깁니다. 이런 습성 때문에 전통 혼례식에 기러기를 썼습니다. 혼례식에 앞서 신랑이 신부네 집에 가서 기러기를 바쳤습니다. 기러기처럼 평생을 다정하게 함께하겠다는 서약이겠지요. 대개는 신부 어머니가 받아서 치마에 싸 가지고 안방으로 들어갑니다. 이를 전안례(奠雁禮)라고 합니다.

기러기는 짝을 이루고 새끼를 기른 뒤 월동지로 먼 길 떠날 때도 함께합니다. 새끼들과 함께 보통 4마리가 한 식구로 떠나는데 이때 여러 식구가 모여 수십 마리에서 수백 마리까지 한꺼번에 날아오릅니다. 기러기는 오랫동안 날아야 하기 때문에 서로 눈을 살펴보고 입으로 의사소통하고자 한 일(一) 자나 시옷 자 모양으로 날아갑니다. 그리고 이렇게 날면 에너지도 줄일 수 있습니다. 앞서 날아가는 기러기가 날개를 칠 때 바뀐 공기 흐름을 뒤따르는 기러기가 이용하면 힘이 덜 들어 오래 날 수 있습니다. 맨 앞에 나는 기러기가 힘이 빠지면 뒤로 물러나고 뒤에 있던 기러기가 앞에 나섭니다. 앞선 기러기가 우두머리가 아니고 그저 앞에서 조금 더 힘들게 날아갈 따름입니다. 지치면 뒤로 물러나고요.

돌곶이습지는 기러기가 주로 밤을 지내는 곳입니다. 6,000여 마리까지 봤습니다. 오리가 비슷한 숫자로 있어 1만 마리쯤 되는 새가 머물기도 합니다. 좁은 곳에 그리 많은 새가 있다 보니 밤 습지는 몹시 시끄럽습니다. 게다가 습지 둘레에 대형 쇼핑몰이 생기면서 늦은 밤이나 새벽에도 차가 다니고 가로등이 환합니다. 조용히 잠을 잘 만한 형편이 안 되지만 기러기는 불편하면 불편한 대로 밤을 지내고 해가 솟아나기 전 습지를 떠납니다. 네 마리, 일곱 마리, 수십 마리가 끼릭 끽 끽 끼릭 끽 끽 먹을거리를 찾아서 날아갑니다. 와글바

늪지로 내려오는 큰기러기

글하던 기러기가 낮에는 수십 마리에서 백 마리 정도
만 습지에 남습니다. 저녁이면 일터로 갔던 기러기가
돌아옵니다. 서쪽 하늘이 붉게 물들 때 습지로 날아오
는 기러기 떼는 진짜 아름답습니다. 그리운 사람들에
게 보여 주고 싶은 풍광입니다.

큰부리큰기러기도 돌곶이습지에 머뭅니다. 큰부
리큰기러기는 큰기러기와 많이 닮았습니다. 자세히 보
면 큰기러기보다 몸집이 크고 부리가 더 길며 이마와
부리 경사가 완만합니다. 뾰족하고 긴 부리가 특징입
니다. 큰기러기가 주로 농경지에서 벼 이삭이나 잡초,
목초 등을 먹는 것에 반해 큰부리큰기러기는 기다란
부리를 써서 갈대나 마름, 줄 같은 수생 식물을 먹습니
다. 그런 까닭에 갈대와 줄이 많은 돌곶이습지는 큰부
리큰기러기에게 최적의 장소입니다. 습지에서 밤을 지
내고 낮에도 머무는 경우가 꽤 많습니다. 큰부리큰기
러기도 다른 기러기와 마찬가지로 먹이를 먹을 때 돌
아가며 꼭 한 마리는 경계를 섭니다.

수천 마리 기러기가 돌곶이습지에서 밤을 지새우

지만 온몸이 하얀 흰기러기는 거의 볼 수 없었습니다. 흰기러기는 알래스카나 시베리아, 북극권에서 번식하고 북아메리카에서 월동합니다. 그래서 우리나라에는 올 일이 그다지 없습니다. 어쩌다가 길을 잃은 흰기러기가 큰기러기나 쇠기러기 큰 무리에 섞여 오는 일이 있어 천수만이나 철원에서는 몇 번 볼 기회가 있었지만 돌곶이습지에서는 한 번도 없었지요. 그러던 2018년 2월 6일 아침이었습니다. 영하 16도로 기온이 떨어지고 바람이 2.7m/s로 부는 몹시 추운 날이었습니다. 이렇게 추우면 기러기도 먹이터로 떠나는 시간을 늦춥니다. 잠자리에서 나오기 싫은 것은 사람이나 기러기나 매한가지이지요. 평소보다 많이 모인 갈색 기러기 무리 속에서 홀로 하얀 깃털을 단 기러기가 한 마리 보였습니다. 자세히 살펴보니 흰기러기였습니다. 큰기러기와 쇠기러기 무리 속에서 가끔 고개를 들고 부리를 등에 얹으며 쉬고 있었습니다. 보호막이 되어 준 다른 기러기 떼가 날아오를 때 무리에 섞여 힘차게 날아올랐습니다.

큰기러기, 쇠기러기 무리 속 흰기러기

숲을 살리다

11월입니다. 가을이 깊어지면서 아침저녁 공기가 싸늘합니다. 한 해의 막바지인 12월이 아직 남아 있지만 조급함이 슬며시 다가오기도 합니다. 아메리카 선주민 아라파호족은 그래서 11월을 '모두가 사라진 것은 아닌 달'이라고 불렀나 봅니다. 찬 공기 때문에 몸을 웅크리고 발걸음을 빨리하게 되는 시기이지만 어깨를 폅니다. 저녁에 돌아갈 집이 있고 몸을 누힐 방이 있다는 게 더없이 고맙습니다. 찬 계절이 되면 사람과 새의 차이가 확연히 느껴집니다. 뜨거운 햇살이 지상을 덮는 계절에는 새끼를 건사하려고 애쓰는 새를 보며 사람과 다를 바 없다고 느낄 때가 많습니다. 그러나 새끼를 키우느라 분주한 시기가 지나면 사람과 다른 게 더 눈에 들어옵니다. 집 없이 비가 오나 눈이 오나 온전히 밖에서 생활하는 새, 둥지를 직접 짓고 새끼를 키웠지만 미련 없이 버리고 떠나는 새가 달리 보입니다. 특히 둥지 짓는 숲속 건축가 딱다구리를 보면 더욱 그렇습니다.

집과 둥지를 구별부터 해야겠습니다. 집은 비바람이나 추위와 더위를 막고 사람이 그 속에 들어가 살고자 지은 건축물입니다. 옛날에는 사나운 짐승을 피하는 역할도 컸으리라 생각합니다. 잠을 자고, 밥을 먹고, 쉬고, 아이를 낳고 기르는 보금자리입니다. 움막같이 집이 단순할 때는 사람들 대부분이 스스로 집을 지었습니다. 방과 부엌, 창고와 뒷간으로 복잡해지면서 집 짓는 사람과 그곳에서 살아가는 사람이 달라졌습니다. 반면 새는 비바람이나 추위와 더위를 막고 그 속에 들어가 살거나 사나운 천적을 피하려고 둥지를 짓지 않습니다. 오로지 짝을 찾아 알을 낳고 새끼를 키우려고 둥지를 짓습니다. 둥지는 알을 모으고 따뜻하게 하며 깨어난 새끼가 천적에게 발견되지 않도록 보호하는 데에 기능이 집중되어 있습니다.

둥지를 짓는 방식은 새마다 다릅니다. 나무에서 주로 살아가는 새는 나뭇가지나 나무줄기에 둥지를 짓고, 땅에서 주로 살아가는 새는 풀숲이나 바위틈 같은 곳에 둥지를 지으며, 물에서 주로 살아가는 새는 물 위에 짓기도 합니다. 둥지 재료도 다양해 나뭇가지나 풀잎, 진흙이나 거미줄, 깃털이나 짐승 털 등을 이용합니다. 최근에는 옷걸이나 철사 같은 인공물도 둥지 재료로 씁니다. 스스로 둥지를 짓지 않거나 못하는 새도 많습니다. 이를테면 뻐꾸기는 둥지를 짓지 않습니다. 다른 새 둥지에 알을 낳아 알을 품고 새끼를 키우는 모든 과정을 다른 새에게 맡깁니다. 맹금 새호리기도 까치가 지어 놓은 둥지를 씁니다. 파랑새는 까치나 딱다구리가 지어 놓은 둥지를 씁니다. 원앙은 덩치가 큰 딱다구리가 나무에 파 놓은 구멍 둥지에 알을 낳습니다. 박새, 쇠박새, 곤줄박이 같이 작은 새는 덩치가 작은 딱다구리가 지은 둥지를 씁니다. 소쩍새나 솔부엉이도 딱다구리가 지은 둥지를 이용합니다. 동고비는 딱다구리가 지은 둥지를 자신에 맞게 고쳐서 씁니다. 이렇듯 둥지를 짓지 못하는 많은 새가 딱다구리 둥지 덕을 봅니다. 딱다구리가 없으면 번식하기 힘든 새들입니다. 동물 세계에서 가장 중요한 번식을 딱다구리가 돕는 셈입니다. 다람쥐도 딱다구리 둥지를 이용합니다. 딱다구리가 짓는 둥지는 한정되어 있고 둥지가 필요한 새는 많아 인공 둥지를 미리 만들어 주면 둥지에 새가 거의 들어옵니다.

둥지를 지으려고 딱다구리는 부리를 나무줄기에 부딪칩니다. 숲속을 걸을 때 따다다닥 드러밍 소리가 들리면 둘레에 딱다구리가 있다고 여기면 틀림없습니다. 소리가 크면 클수록 힘센 수컷 딱다구리일 가능성이 큽니다. 딱다구리가 빠르게 나무를 쪼며 자기 힘을 과시해 짝을 찾을 때입니다. 딱다구리가 얼마나 빠르고 세게 나무줄기를 쪼는지 알면 놀랍습니다. 딱다구리는 1초에 스무 번 정도 나무를 쪼아 구멍을 뚫는다고 합니다. 딱다구리가 나무를 뚫을 때의 충격은 교통사고 때 발생하는 충격과 맞먹는다고 합니다. 그런데도 뇌진탕을 일으키지 않습니다. 뇌가 무겁지 않고, 사람과 달리 뇌가 앞쪽에서 오는 충격을 흡수하는 구조라고 합니다. 아울러 아랫부리가 윗부리보다 약간 더 길어 그 부분이 나무에 먼저 부딪히면서 충격을 줄입니다. 나무에 구멍을 뚫는 끌과 망치를 몸에 지니되 충격을 흡수하기까지 하니 오묘합니다.

딱다구리는 발가락과 혀도 다른 새들과 구별됩니다. 딱다구리는 나뭇가지에 앉아 있을 때보다 수직 나무줄기를 타고 오를 때가 더 많습니다. 나무줄기를 타고 오르는 자세로 잠도 잘 수 있으며, 총에 맞아 죽은 뒤에도 나무줄기에 그대로 붙어 있는 사례도 있었다고 합니다. 모두 발가락이 독특하기 때문입니다. 발가락에 날카로운 발톱이 두 쌍 달려 있습니다. 한 쌍은 앞으로 향하고 나머지는 뒤로 나 있어 나무껍질을 단단히 움켜잡을 수 있습니다. 짧고 튼튼한 다리를 넓게 벌려 안정감을 주고, 꼬리로 나무껍질의 울퉁불퉁한 부분을 지탱해 몸을 고정합니다. 나무에 붙어 있기에 완벽한 자세입니다. 딱다구리는 둥지를 지을 때뿐만 아니라 먹이를 찾을 때도 나무를 쫍니다. 나무를 쪼면 그 소리에 놀란 벌레가 움직이고 움직임을 감지한 딱다구리가 재빨리 혀를 틈 속에 집어넣습니다. 길고 유연한 혀끝에는 낚시 바늘처럼 뒤로 향한 작은 돌기들이 있습니다. 끈적한 타액까지 있어 딱다구리한테 걸린 벌레는 도망칠 도리가 없습니다. 사냥 솜씨가 뛰어난 딱다구리가 하루에 먹어 치우는 벌레 양은 엄청납니다. 딱다구리가 일부러 그렇게 한 것은 아니겠지만 결과로 보면 다른 새에게 둥지를 지어 주고 나무 건강까지 돌봅니다. 숲 생태계에 없어서는 안 될 귀한 존재입니다.

돌곶이습지에도 딱다구리가 찾아옵니다. 가장 자주 찾아오는 손님은 오색딱다구리입니다. 우리나라에서 가장 쉽게 볼 수 있는 새이기도 합니다. 처음 오색딱다구리를 봤을 때 가슴이 덜컥 내려앉았습니다. 야생 세계에서 붉은색은 너무 두드러지는 색깔인데 오색딱다구리는 이마와 뒷머리, 아랫배까지 붉은색이니까요. 무채색 겨울이어서 더 눈에 띄었습니다. 오색딱다구리가 둥지 짓는 과정을 지켜본 적이 있습니다. 한 쌍이 구멍을 뚫는 순간부터 두 달 남짓 지켜봤는데 끝내 번식에 성공하지 못했습니다. 알 수 없는 이유로 새끼 키우기를 포기했습니다. 그렇지만 그곳은 다른 새가 둥지로 썼을 것입니다.

청딱다구리도 습지에 자주 찾아옵니다. 북녘에

버드나무 줄기를 타고 오르는 오색딱다구리

서는 풀색딱다구리라고 하는데 청딱다구리보다 더 깃털 색을 알기 쉽게 나타낸 것 같습니다. 수컷 이마의 붉은 반점이 눈에 띄지만 날개는 나뭇잎 빛깔과 비슷하고 아랫배는 나무줄기 빛깔과 비슷할 때가 많습니다. 봄날 큰 소리로 뾰 뾰 뾰 숲을 울리는 소리가 들리면 대개 청딱다구리입니다. 작은 새들의 둥지를 지어 주는 쇠딱다구리도 사철 찾아옵니다. 찌잇 찌잇 찌잇 소리를 내며 버드나무를 날아다니는 경우가 많습니다. 어느 해 11월에는 쇠딱다구리 한 마리가 버드나무에서 나무줄기를 타고 오르며 먹이를 찾더니 벚나무로 날아갔습니다. 가느다란 나뭇가지 끝부분에 거꾸로 매달리기도 하고 옆으로 매달리기도 하며 먹이를 찾는 모습이 곡예를 하듯 가벼워 보였습니다. 자세히 살펴보니 씨방처럼 생긴 것을 계속 쪼아댔는데, 나중에 쐐기나방 고치라는 것을 알았습니다. 고치에 매달려 5분 이상 쪼아대고는 찌잇 찌잇 소리를 내며 다른 버드나무로 날아갔습니다. 큰오색딱다구리는 딱 한 번 습지에서 보고 보지 못했습니다. 깊은 숲에 가야 볼 수 있는 까막딱다구리, 나그네새 붉은배오색딱다구리가 이동 시기 습지에 잠깐이라도 오는 날이 있을지 모르겠습니다.

아물쇠딱다구리도 쉽게 볼 수 없습니다. 울창한 숲에서 주로 지냅니다. 이름에 붙은 '아물'은 러시아 아무르 지역에서 온 말입니다. 아무르 지역에서 번식하고 겨울에 우리나라에 온다고 짐작할 수 있습니다. 실제로 아물쇠딱다구리는 겨울 철새입니다. 새를 보기 시작한 지 얼마 되지 않았을 때 원앙을 보려고 창경궁에 갔다가 큰 나무 꼭대기 부분에서 움직이는 아물쇠딱다구리를 봤습니다. 그때는 보기 어려운 새인지도 모르고 넋 놓고 봤습니다. 우리나라에서 드물게 번식하며, 그 장소 중 한 곳이 습지 둘레입니다. 해마다 여름에 보여 번식할 거라 짐작만 한 채 둥지를 애써 찾지 않았습니다. 그런데 우연히 애벌레를 물고 가는 어미를 봤습니다. 그 뒤로도 습지로 들어오는 작은 개울 옆 나무숲에서 여러 차례 봤으니 번식하는 것이 틀림없습니다. 한창 바쁜 아물쇠딱다구리 어미가 무사히 새끼 키우기를 바라면서 이번에도 둥지를 찾지 않고 자리를 비켜 줬습니다.

쐐기나방 고치를 쪼는 쇠딱다구리

새가
날아드는 곳에
생명이 있다

새를 움직이는 가장 큰 힘은 먹이입니다. 도요물 떼새를 비롯한 철새가 해마다 수천 킬로미터, 많게는 수만 킬로미터를 날아다니는 까닭은 먹이 때문입니다. 알을 낳고 새끼를 키우기 좋은 환경, 먹이가 풍족한 곳으로 떠나는 것이지요. 새는 먹이 때문에 먼 거리를 이동하는 것뿐만 아니라 몸도 먹이에 맞게 바꾸었습니다. 부리가 특히 그렇습니다. 맹금이나 앵무새를 제외한 새 대부분이 부리로 먹이를 잡습니다. 이를테면 비오리는 부리 양쪽에 톱니 같은 작은 돌기들이 있어 한번 잡은 먹이를 놓치지 않고, 개리는 갈대나 마름, 줄 같은 수생 식물 뿌리를 캐 먹을 수 있도록 부리가 긴 편입니다. 저어새는 주걱같이 기다란 부리로 물을 휘휘 저으며 먹이를 잡고, 장다리물떼새는 물속을 겅중겅중 걷다가 물고기를 찍을 수 있도록 부리가 가늘고 깁니다. 곡식과 나무 열매, 곤충과 쥐까지 온갖 것을 먹어 치우는 잡식성 까치는 부리가 길지 않고 밋밋하며, 말똥가리 같은 맹금은 다리로 잡은 육식성 먹이를 찢어 먹기 쉽게 부리 끝이 갈고리 모양입니다.

왜가리 부리는 길고 날카롭습니다. 몸집이 거의 1

미터에 이를 만큼 크며 부리가 길어 개구리나 쥐는 물론 다른 새의 새끼까지 잡아먹습니다. 커다란 물고기를 잡아 바로 삼키지 못하고 30여 분 동안 물고 있다가 조금씩 조금씩 물고기 방향을 바꿔 머리 부분부터 삼키는 장면을 본 적이 있습니다. 습지 물 빠진 곳에서 뱀장어를 잡은 것도 봤습니다. 물골에 있어 쉽게 잡은 듯했습니다. 왜가리는 뱀장어를 부리로 들어 올려 물고 있다가 개흙에 내려놓고 정조준을 한 뒤 총알같이 머리 쪽을 공격했습니다. 몇 번 공격하고 뱀장어를 물 있는 곳으로 물고 가서 깨끗하게 씻었습니다. 그리고 다시 뱀장어를 들어 올렸다가 내려놓은 뒤 공격하는 행동을 되풀이했습니다. 사냥에 성공한 왜가리를 보고 중백로와 쇠백로가 슬그머니 날아와 혹시 놓치지는 않을까 눈치를 봤지만 왜가리가 사냥한 뱀장어를 놓치는 일은 없었습니다. 꿈틀대던 뱀장어는 10여 분 동안 거듭된 왜가리 공격에 거의 움직이지 못했습니다. 왜가리는 뱀장어를 부리로 들어 올려 완전히 목구멍에 넣을 때까지 두어 번 목을 움직이고는 꿀꺽 삼켰습니다. 사람들이 보양식으로 먹는 뱀장어가 왜가리와 한 몸이 되었습니다. 논병아리를 잡아먹는 것도 봤습니다. 마치 맹금이라도 된 양 겨울 철새 논병아리를 천천히 천천히 끝내 잡아먹었습니다. 뱀장어랑 논병아리까지 잡아먹는 모습을 보니 왜가리가 왜 우리 둘레에서 쉽게 볼 수 있는 물새가 되었는지 알 수 있었습니다. 먹이를 잘 먹는 새가 몸도 튼튼하고 번식도 잘하리라는 것은 불을 보듯 뻔합니다.

논병아리를 문 왜가리

習地 둘레에는 나무가 꽤 있습니다. 버드나무가 가장 많고, 소나무, 벚나무, 산딸나무, 은행나무, 매실나무, 측백나무, 상수리나무, 계수나무, 수수꽃다리, 부들레야, 아까시나무, 일본조팝나무 등 꽤 다양합니다. 나무는 새가 쉬거나 둥지를 짓는 장소가 되어 주거니와 꽃과 잎, 열매, 나무줄기 안에 있는 벌레, 수액 등으로 새들의 먹이도 됩니다. 버드나무에서는 톡톡 튀어 다니며 머무는 솔새, 쇠솔새, 노랑눈썹솔새, 쇠박새같이 작은 새들을 볼 수 있습니다. 박새, 직박구리, 멧비둘기 같은 텃새도 버드나무를 즐겨 찾습니다. 습지 울타리 안쪽, 문발공단 쪽에서 들어오는 하천이 습지에 합류하는 지점에는 선버들이 있습니다. 붕어가 자주 보이고 가물치같이 큰 물고기가 모이기도 해 물새가 많이 찾아옵니다. 물가에는 갈대가 늘어서 있어 물총새가 가끔 그곳에 앉아 먹잇감이 있는지 물속을 살펴봅니다. 겨울날 줄곧 갈대밭에 머물던 검은머리쑥새나 스윈호오목눈이 무리가 이동 시기가 되면 대담하게 선버들에 올라 수런댑니다. 여름에 번식을 마친 개개비도 가끔 올라옵니다. 가슴이 노랗게 물든 촉새도 자주 찾아오고, 오목눈이와 되새 무리도 자주 옵니다. 노

랑턱멧새나 쑥새도 볼 수 있습니다. 어느 봄날에는 좀 처럼 보기 어려운 흰점찌르레기 한 마리가 선버들 안쪽에 앉아 있었습니다. 한동안 둘레를 살펴보더니 바로 아래 물가에 내려앉았습니다. 물에 부리를 댔다가 하늘을 보고, 다시 물에 부리를 댔다가 하늘을 보고, 몇 차례 목을 축이더니 날아갔습니다. 텃새 참새와 붉은 머리오목눈이도 자주 옵니다.

귀룽나무는 습지 위쪽 심학교랑 멀지 않는 곳에 있습니다. 습지 그 어느 나무보다 먼저 잎을 달고 꽃을 피웁니다. 둥그렇게 몸을 부풀린 품속으로 다양한 새가 찾아옵니다. 촉새를 자주 봤고 되지빠귀도 여러 차례 봤습니다. 2020년 4월 28일에는 오목눈이 어린새들을 봤습니다. 둥지를 막 떠난 다섯 마리가 몸을 다닥다닥 붙이고 어미를 기다리는 모습이 앙증맞았습니다. 어미새가 먹이를 물고 오니 오른쪽 제일 덩치가 큰 어린새가 먹이를 받아먹었습니다. 바로 위쪽에 어린새 두 마리가 역시 나란히 붙어 앉아 있었습니다. 천적 눈에 띄지 않게 일곱 마리 어린새를 가려 주는 이른 봄날의 귀룽나무가 무척 커 보였습니다. 수양벚나무는 탐조대 옆에 세 그루가 모여 있어 꽃 피는 즈음이면 널따 란 꽃 터널을 이룹니다. 봄날 꽃그늘 속으로 다양한 새 가 날아들어 꽃잎과 꿀을 찾습니다. 뽕나무는 습지 안 팎으로 몇 군데에 있습니다. 오디는 검게 익으면 여름 철새의 양식이 됩니다. 뻐꾸기가 직박구리 눈을 피해 자주 찾아오기도 합니다. 가을이면 화살나무 빨간 열 매가 작은 새들을 부릅니다. 딱새가 제집 드나들 듯하 고, 나그네새 유리딱새가 슬금슬금 화살나무 붉은 열 매에 다가가 후다닥 따 먹고 날아갑니다.

습지랑 붙어 있는 공원 팥배나무는 가을부터 겨 울까지 습지 근처 작은 새들의 먹이 창고입니다. 워낙 많은 열매를 달고 있어 까치랑 직박구리가 지키고 있 지만 그래도 참새나 딱새 같은 작은 새도 즐겨 찾습니 다. 물까치가 서른 마리씩 몰려와 붉은 열매를 한두 개 얼른 따 먹고 날아갔다가 시간이 어느 정도 지나면 다 시 찾아와 열매를 먹습니다. 노랑지빠귀가 겨우내 팥 배나무 근처에 머문 적도 있고, 개똥지빠귀와 찌르레 기도 찾아옵니다. 2018년 겨울에는 귀한 황여새가 습 지에 찾아왔습니다. 황여새를 보러 일부러 먼 길을 가기도 했었는데 생각하지 못한 습지에서 만났습니다. 찌리 찌리 소리를 내며 바람이 거세게 부는 버드나무 꼭대기에 앉아 있었습니다. 버드나무에서 쉬다 날아간 곳을 찾아보니 산수유나무 붉은 열매가 실하게 열린 곳이었습니다. 산수유가 황여새를 부른 것입니다. 참 느릅나무는 습지에 몇 군데 흩어져 있습니다. 겨울에 참느릅나무 근처에 몸을 숨기고 있으면 작은 새를 많이 볼 수 있습니다. 되새와 오목눈이는 무리 지어 찾아옵니다. 귀한 긴꼬리홍양진이는 참느릅나무와 갈대밭을 오가며 아예 겨울을 납니다. 그만큼 긴꼬리홍양진이에게는 충분할 만큼 씨앗이 많습니다.

땅도 얼고 물도 얼어붙은 한겨울에 새는 배가 고픕니다. 풀씨 같은 먹이로 배를 채울 수 있는 작은 새도 있지만 모든 새가 그렇지는 않습니다. 그럴 때 새에게 먹이를 주는 사람이 있습니다. 돌곶이습지에 새를 보러 자주 오는 데이빗 버터워스는 습지 버드나무에 모이통을 달고 쌀이나 땅콩 같은 먹이를 넣어 둡니다. 고깃집에서 돼지기름을 얻어다가 나무에 걸어 놓기도 합니다. 새 먹이를 생각할 때면 저절로 떠오르는 사람이

또 있습니다. 철새 도래지 천수만 한쪽에 자리 잡은 집 '하늘빛으로 물든 새'의 주인장 서한수 선생입니다. 선생은 도시 생활을 접고 철새 도래지로 삶터를 옮겼습니다. 곤줄박이가 선생 모자에 앉아 먹을거리를 내놓으라고 할 만큼 새와 친한 분입니다. 얼마나 곤줄박이 경계심을 풀어 놓았는지 낯선 제가 손바닥에 땅콩을 올려놓아도 금방 날아들었습니다. 처음에는 국내산과 중국산 땅콩 가격 차이가 워낙 나서 곤줄박이에게 중국산을 줬다고 합니다. 하지만 곤줄박이랑 친해진 뒤부터는 국내산을 줍니다. 자신은 국내산을 먹으면서 새에게만 중국산을 먹일 수는 없어서요. 집터를 늘 새가 노래하는 곳으로 만들고 싶은 선생은 나뭇잎과 열매까지 하나하나 고려하면서 나무 500여 종과 풀 300여 종을 심고 가꿉니다. 새가 사시사철 먹이를 찾아와 사람과 함께하는 집을 꿈꾸면서요.

습지를 생각하면 안타깝습니다. 돌곶이습지에는 문발천이 들어오고, 심학산과 자유로 휴게소 쪽에서 물이 합쳐져 들어오며, 문발공단 쪽에서 물이 내려옵니다. 하천 세 군데서 민물이 들어오고 바닷물이 밀물 때 올라옵니다. 민물과 바닷물이 섞여 여러 종류 먹이가 있습니다. 간섭을 줄이되 적절히 관리해 주면 더 많은 새가 지낼 환경입니다. 그런데 하천에서 들어오는 자디잔 흙이 쌓여 육지처럼 변하고 있습니다. 이 때문에 갈대 면적이 해마다 넓어지고 비가 많이 내리는 해에는 이런 변화가 더욱 두드러집니다. 식물 다양성이 줄어들고 물의 영역이 줄어듭니다. 물속 사정을 알기 어렵지만 수서 식물이나 동물 또한 다양성이 줄어들었으리라 짐작합니다. 어떻게 해야 기수 지역다운, 여러 식물과 동물이 살아갈 수 있는 환경을 유지할 수 있을지 걱정입니다. 관리 주체인 지방자치단체는 습지와 둘레를 사람 편의에 맞춰 관리합니다. 안전에 신경 쓰고 민원에 민감하게 반응해 습지 둘레 나무들을 전지합니다. 그것도 한창 새의 번식기에 작업합니다. 고목도 어느 순간에 없앱니다. 어느 하나 자연의 순환에서 벗어난 것이 없는데 너무 사람 입장에서만 보는 게 아닌가 싶습니다.

나는
왜
새를 보는가

새를 보는 즐거움

태백 검룡소에서 솟아오른 물이 강원도, 충청도, 경기도를 굽이굽이 흘러 서울을 지나면 너른 평야에 이릅니다. 김포평야와 일산평야에 이른 한강이 북녘 땅에서 내려온 임진강과 만나는 곳이 교하입니다. 교하를 지난 강물은 강화도 쪽으로 나가 바다에 닿습니다. 물이 교차하는 교하는 파주시에 속하고 파주시 한강 변에 194미터 심학산이 솟아 있습니다. 궁궐에서 날아간 학을 찾았다는 전설이 내려오는 심학산 자락에 파주출판단지가 세워졌습니다. 출판인들이 한데 모여 일하며 출판문화를 현대화하겠다고 만든 국가 문화 산업단지입니다. 2007년 48만 평 땅에 출판사 300여 개가 입주했을 만큼 큽니다. 저는 이곳에서 2007년부터 일했습니다.

부푼 가슴으로 일하기 시작한 출판단지는 서울에서 일할 때보다 자연이 훨씬 가까웠습니다. 그러나 그뿐이었습니다. 일주일에 5일 일하면 5일 저녁마다 사람을 만나고 거기다 술까지 마시는 날이 많아 자연을 즐길 겨를이 없었습니다. 주말이나 휴일에도 일을 찾아다녔습니다. 일에 중독될 수밖에 없는 보직이라서 마음의 여유 없이 정신없이 달렸습니다. 그러다가 2013년 초여름, 출근하다가 회사 앞 습지에서 흰뺨검둥오리 가족을 보고 홀딱 반했습니다. 그렇지만 새와 바로 인연을 맺지 못했습니다. 다시 일에 파묻혀 살다가 겨울에 머리 위로 지나가는 기러기에 잠시 눈을 주고 그만이었습니다.

어느 날 야근을 하면서 기러기 수백 마리가 한꺼번에 낼 법한 소리를 들었습니다. 아니, 수천 마리가 되는 듯했습니다. 야근을 마치고 둘러본 습지는 기러기와 오리 천지였습니다. 사람들이 퇴근해 건물마다 불이 꺼지자 기러기와 오리가 습지를 점령했습니다. 수천 마리 기러기와 오리가 소리를 내며 그곳에 있었습니다. 입이 딱 벌어졌습니다. 아니, 이렇게 많은 새가 곁에 있었다니! 사람들이 출근하기 전에 습지를 떠나고, 사람들이 퇴근하면 그제야 습지에 찾아와 알지 못했을 뿐, 새들은 우리 곁에 있었습니다. 출판단지의 주인이 사람이라면 그것은 낮의 이야기일 뿐 밤은 분명 새의 세상이었고 생각해 보면 그것은 오랜 세월 이어져 온 역사입니다. 습지가 달리 보였습니다. 2014년 봄에는 파란 하늘을 배경으로 대백로 열한 마리가 빙글빙글 원을 그리며 신나게 춤추는 모습을 봤습니다. 하얀 백로 떼의 춤이 5분 남짓 이어졌는데 가슴 벅찼습니다.

2015년부터 출근 시간을 앞당겨 사무실에 들어가기 전에 습지를 둘러봤습니다. 서울에서 퇴근할 때는 할 수 없지만 사무실에서 퇴근할 때도 가끔 습지를 둘러봤습니다. 돌곶이습지는 민물과 바닷물이 교차하는 곳이라 여러 종류 먹이가 있어 언제나 새가 있었습니다. 여름 철새, 겨울 철새, 나그네새 그리고 텃새. 그러고는 관찰한 새를 기록했습니다. 기억이 점차 흐릿해지고 있어 제 자신을 위한 기록이기도 하고 언제 어떻게 바뀔지 모르는 자연유산을 기록하고 싶었습니다. 기록하기 시작하니 조금 더 자세하게 새를 보게 되고, 자세하게 보게 되니 또 기록할 내용이 조금씩 늘었습니다. 관찰한 새 이름만 적어 나가다가 점차 새가 어떤 행동을 하는지 살펴보게 되었습니다. 새 한 종 한 종을 알아 가면서 아름다움의 지평이 넓어지는 듯했습니다. 세상의 아름다움을 알아 나가는 즐거움보다 더 큰 즐거움이 있겠는지요. 이름과 간단한 특성을 알아 가는 과정이었지만 그것만으로도 충분히 즐거웠습니다. 도감을 찾아보고 모르는 새는 둘레 사람들에게 묻기도 하며 새의 세계에 깊숙이 빠져들었습니다.

2014년 1월 7일, 그날도 어김없이 점심을 먹고 습지를 살펴봤습니다. 천연기념물 노랑부리저어새가 보이고 큰기러기, 쇠기러기, 큰부리큰기러기가 있으며 흰뺨검둥오리, 청둥오리가 보였습니다. 그때 습지를 살펴보는 두 사람, 유경숙 선생님과 데이빗 버터워스(David Butterworth)를 만났습니다. 두 분 다 돌곶이습지에 새를 보러 자주 오는 분들이었습니다. 유경숙 선생님은 아이들에게 생태 수업을 하는 분으로 그날 만남이 계기가 되어 제게 탐조 동아리를 소개해 줬습니다. 데이빗은 그저 돌곶이습지와 새가 좋아 찾아오는 분이었습니다. 학교에서 아이들에게 영어를 가르치고 시간이 나면 쌍안경 하나 목에 달랑 걸치고 고양시에서 버스 타고 왔습니다. 돌곶이습지에 인공 둥지를 만들어 놓기도 하고, 겨울이면 먹이통에 쌀을 넣어 나뭇가지에 달아 놓기도 한 사람이 도대체 누구일까 궁금했는데 데이빗이었습니다. 얼마나 반갑던지요. 데이빗은 새를 볼 때 사진기를 아예 들고 다니지 않습니다. 오로지 맨눈과 쌍안경으로만 새를 보고 그들에게 먹이를 챙겨 줄 뿐입니다. 진정한 탐조인이자 제게는 언제까지라도 가슴에 남을 탐조 스승입니다. 새를 보면 이렇듯 새를 사랑하는 '조류 인간'을 만나는 즐거움도 있습니다.

데이빗과 유경숙 선생님

　　새를 알아 간다는 것은 이름을 알고 몇 가지 특
성만 아는 것에 그치는 것이 아니었습니다. 새와 새를
둘러싼 여러 가지에 신경을 쓰게 되었습니다. 이를테
면 새와 다른 동물을 구분 짓는 가장 큰 특징은 무엇인
지, 왜 습지 높낮이에 따라 찾아오는 새 종류가 다른
지, 왜 새는 먹이를 찾으러 다닐 때가 아니면 대부분 깃
털을 다듬으며 경계하는지, 왜 아침저녁으로 활발하
게 움직이고 한낮에는 잘 안 움직이는지, 왜 다른 종 새
랑 잘 지내는가 하면 싸우기도 하는지, 왜 히말라야보
다 더 높이 날 수 있는지, 왜 시베리아나 알래스카에서
우리나라 그것도 돌곶이습지에 겨울이면 찾아오는지,
왜 날씨가 따뜻해지면 멀고 먼 동남아시아에서 날아와
돌곶이습지 갈대밭에 알을 낳고 새끼를 키우는지…….
가벼운 몸, 날갯짓, 먼 거리 이동, 빼어난 시력과 높은
진화 수준 등 새는 알면 알수록 빠져나올 수 없는 매력
덩어리였습니다. 그렇게 새의 세계에 빠져드니 환경에
도 관심이 갔습니다. 새를 비롯한 생명이 살아가는 자
연 환경을 이전보다 좀 더 예민하게 살펴보게 되었습
니다.

2018년 8월 7일, 입추였지만 무더위가 계속되고 있었습니다. 습지는 물골이나 바닥이 파인 부분에만 물이 있고 대부분 바닥이 드러나 개흙이 보였습니다. 중대백로와 쇠백로가 무리 지어 천천히 돌아다니고, 삑삑도요가 종종거리며 다녔습니다. 새로 태어난 어린 흰뺨검둥오리들이 어미랑 다니기도 했습니다. 그런데 습지 한쪽에 네발 달린 짐승이 한 마리 보였습니다. 삵이었습니다. 습지에 있는 삵이라니! 야생 삵을 처음 본 터라 가슴이 두근거렸습니다. 어린 흰뺨검둥오리들이 있어 사냥하러 온 것일까요. 다행히 삵 근처에 어린 흰뺨검둥오리는 보이지 않고 어미 흰뺨검둥오리가 한 마리 있었습니다. 삵과 불과 3~4미터밖에 떨어지지 않은 곳에 있는 흰뺨검둥오리는 후다닥 도망가지 않고 정지 상태에서 삵을 지켜봤습니다. 삵은 흰뺨검둥오리를 등지고 있었지만 보지 않는 듯 흰뺨검둥오리를 보고 있었습니다. 3~4미터밖에 안 되는 거리에 세상의 고요가 꽉 들어찼습니다. 둘 다 전혀 움직이지 않는 시간이 얼마나 숨 막히던지요. 대치 시간이 이어졌지만 전쟁은 일어나지 않았습니다. 삵이 흰뺨검둥오리를 등지고 습지 바깥쪽으로 천천히 발걸음을 떼었습니다. 질척한 땅에서 흰뺨검둥오리를 공격하기 쉽지 않다고 판단한 듯합니다.

야생에서 살아가기는 쉽지 않습니다. 새는 언제 어디서 천적을 만날지 모릅니다. 새는 대부분 한 입 먹고 경계하고 한 입 먹고 경계하는 것이 몸에 배었는데 그게 다 천적 때문입니다. 먹이를 쟁여 놓지 않으니 먹이가 없는 시기를 넘기기도 참 힘듭니다. 오죽 살기 힘들면 머나먼 나라로 이동하는 새가 그리 많겠는지요. 우리나라에서 볼 수 있는 새 중에 철새와 나그네새가 80퍼센트를 넘습니다. 이동하는 장소에 도달했다고 해서 안심할 수 없습니다. 2019년 4월 27일과 28일 이틀 동안 이동하는 새를 보러 외연도에 갔습니다. 그런데 유난히 죽은 새가 많았습니다. 일주일 남짓 쉬지 않고 북서풍 맞바람을 힘차게 거스르며 수천 킬로미터를 날아왔으나 그만 탈진해 숨이 끊어진 제비, 귀제비, 흰눈썹황금새, 숲새, 할미새사촌, 흰배멧새, 촉새, 유리딱새

등 온갖 새가 길에 널브러져 있었습니다. 탈진하지 않았다고 해 마음을 놓을 수도 없었습니다. 고양이가 새를 목표로 낮은 포복을 하며 다니고 있었습니다. 힘이 빠진 새는 고양이에게 쥐보다 훨씬 잡기 쉬운 먹잇감이자 놀잇감이었습니다. 어부들이 널어놓은 그물에 걸려 죽은 새도 여러 마리 봤습니다. 2019년 5월 4일부터 6일까지, 2박 3일 동안은 굴업도에서 이동하는 새를 봤습니다. 굴업도는 먼 곳에서 바다를 건너온 새가 먹이를 잔뜩 먹을 수 있는 중요한 기착지입니다. 천적 고양이가 없어 다행이라 여겼는데 새가 엉뚱한 곳에서 목숨을 잃었습니다. 꽃게잡이에 주로 쓰는 통발이 켜켜이 쌓여 있었는데 비릿한 내음을 맡고 그곳으로 들어간 새들이 나오지 못하고 죽었습니다. 통발에는 울새를 비롯해 휘파람새, 쇠유리새, 진홍가슴, 흰배멧새같이 평소에 보기 어려운 귀한 새들이 죽거나 갇혀 있었습니다.

새가 유리벽에 부딪혀 죽는 것도 심각합니다. 외연도와 굴업도에서 새가 죽어 나가는 것을 보며 새가 겪는 현실을 좀 더 알고 싶어 제가 살고 있는 지역을 조사해 보기로 했습니다. 마침 유리벽 충돌로 죽는 새가 많다는 보고가 이어지고 있었고 관련 교육도 받은 뒤였습니다. 우리나라에서 한 해에 유리벽에 충돌해서 죽는 새는 무려 800만 마리에 이릅니다. 하루에 2만 마리 넘게 죽는 숫자입니다. 전국 조사가 정확히 이루어지지 않은 통계라서 전문가는 더 많으리라 예상합니다. 유리벽에 가로 10센티미터 세로 5센티미터 간격으로 8밀리미터보다 크게 점(도트 버드세이버)만 찍어도 충돌해서 죽는 새가 현저히 줄어듭니다. 먼저 할 일은 실태 파악이었습니다. 조류 충돌 조사에 손을 걷고 나선 동료와 의기투합했습니다. 함께하는 동아리도 나서 줬습니다. 1년 동안 한 달에 네 번 동아리 사람들과 원흥동 조류 충돌 조사를 했습니다. 조사를 한다고 해서 당장 새의 목숨을 구할 수 있는 것은 아닙니다. 그렇지만 새의 현실을 좀 더 깨닫고 새를 구하는 방법을 찾을 기초 조사라고 여겼습니다. 유리벽에 부딪혀 처참하게 몸이 부서진 새를 직접 보는 일, 벌레가 꼬이고 썩어 가는 사체를 손으로 들어 묻는 일, 그것을 하나하나 사진 찍고 기록하는 일은 분명 고통스럽고 외면하고 싶은 일입니다. 포기하고 싶은 마음도 물론 있었습니다. 그러나 함께하는 분들 덕분에 1년을 채워 조사하고 자료집을 만들어 새에 관심 있는 사람들과 나눴습니다. 힘든 여정이었지만 이듬해에 조사 장소에 도트 버드세이버가 붙어 있는 것을 확인했습니다.

원흥동 도트 버드세이버

서식지를 살펴볼 때도 괴롭습니다. 돌곶이습지는 물고기가 많아 낚시하는 사람이 끊이지 않았습니다. 천연기념물이 오는 곳이라 낚시를 금지한다는 팻말이 붙어 있지만 낚시꾼을 막을 수 없었습니다. 매운탕을 하는 식당에서는 족대를 가지고 와서 가물치를 잡아 가기도 했습니다. 새 사진을 찍겠다고 습지 안으로 들어가는 사람들도 있었습니다. 그들에게 조용하고 단호하게 나가 달라고 이야기한 적이 한두 번이 아닙니다. 네가 뭔데 상관하느냐며 욕하는 사람도 만났습니다. 더욱 심각한 것은 개발입니다. 잊을 만하면 개발 이야기가 나옵니다. 출판단지가 활성화되지 않고 점차 사람들 발길이 줄어들자 독자들을 끌어들이겠다고 습지를 개발하려고 합니다. 겉으로는 환경을 내세우며 결국은 관광 자원으로 삼으려고 합니다. 제가 참여해 목소리를 높였던 2019년 개발 공청회가 처음이 아니었습니다. 그전에도 있었고 그 뒤로도 완전히 끊긴 게 아닙니다. 돌곶이습지 이야기만이 아닙니다. 제가 자주 가던 공릉천 하류 논 습지는 뜸부기 번식지입니다. 뜸부기가 번식하는 그곳은 몇 해 전부터 슬금슬금 논이 밭으로, 밭이 농가로, 도로로 바뀌고 있습니다. 포클레인이 점령한 그곳에 뜸부기 자리는 전혀 없습니다.

가장 걱정되는 것은 기후 위기입니다. 사실 기후 위기는 여러 가지 원인이 겹쳐서 일어나는 결과입니다. 전쟁과도 같은 재앙입니다. 징후는 이미 이곳저곳에서 나타나고 앞으로 더 거세게 모습을 드러낼 것입니다. 팬데믹은 최근에 겪는 현상입니다. 위기가 닥치면 약자가 먼저 희생됩니다. 사람보다 약한 새나 다른 동식물이 먼저 죽어 나가고, 그다음은 가난하고 힘없는 사람들이겠지요. 우리는 지금 그들이 한꺼번에 죽어 나가는 현상도 목격하고 있습니다. 조금만 자세히 살펴보면 얼마나 심각한 상황인지 실감합니다. 이 거대한 흐름을 어떻게 돌려야 할지 막막합니다. 지금 같은 흐름대로 살아가면 안 된다는 것은 분명한데 어떻게 대응해야 할지 답답합니다.

새를 보는 진짜 즐거움

원래 저는 책돌이입니다. 사춘기 시절 헌책방을 드나들며 책의 세계에 빠졌습니다. 문학 작품을 읽고 감동하며 아름다움을 느꼈습니다. 하루라도 책을 안 읽으면 불안했습니다. 눈이 좋을 때는 밤새워 읽기도 하고 덜컹대는 시내버스에서도 책을 놓지 않았습니다. 여행을 갈 때면 당연히 책을 먼저 챙깁니다. 책이 몸에 붙어 있지 않으면 안 되는 실내형 인간입니다. 그러나 새를 본 뒤로 상황이 바뀌었습니다. 새를 보려면 밖으로 나가야 합니다. 멀리 가지 않더라도 적어도 새가 있는 바깥으로 나가야 합니다. 밖으로 나가 눈과 귀, 모든 감각을 열어 놓고 새를 바라봐야 합니다. 실외형 인간이 될 수밖에 없습니다. 새는 실내형 인간인 저를 그렇게 실외형 인간으로 바꾸어 놓았습니다.

새의 무엇이 저를 바꾸었나 생각해 봤습니다. 제일 먼저 본 것은 아름다움이었습니다. 아름다움은 확실히 저를 사로잡을 만합니다. 그러나 아무리 새의 아름다움에 빠져들었다 하더라도 새벽 네 시에 일어나 동아리 사람들과 함께 영하 10도 아래로 떨어진 바닷가를 헤매거나 배 타고 네 시간 동안 들어간 백령도에서 4박 5일 동안 새만 보고 오는 행동은 해석하기 어렵습니다. 무지에서 앎의 세계로 나아가기. 이 또한 제게는 무척 매력이 있습니다. 세상을 알고 싶어 하는 열망은 생명 있는 존재의 본능이 아닐까 싶습니다. 그렇게 새 한 종 한 종의 이름을 알고, 생태를 알고, 매력에 빠져드는 것, 나아가 새를 둘러싼 환경까지 알려고 하는 마음은 새를 보는 큰 동력입니다. 덕분에 생태 감수성이 예민해지는 것도 바람직합니다. 그러나 날마다 습지를 돌며 새를 보고 기록하는 행동까지 온전히 설명하기 어렵습니다.

2018년 1월 24일, 저녁까지 혼자 일하다 퇴근했습니다. 장갑을 끼어도 금방 손이 곱을 정도로 춥고 가슴이 얼어붙었습니다. 얼른 집으로 가고 싶은 마음을 억누르고 습지를 한 바퀴 돌기로 했습니다. 서쪽 하늘이 붉게 물들어 있었습니다. 점점 어두워지는 습지로 아침에 떠났던 새들이 돌아오고 있었습니다. 날이 워낙 추워 얼은 곳이 많은 습지에는 이미 기러기가 3,000마리, 오리가 500마리 넘게 있었습니다. 그래도 천적을 피하려면 어떻게든 물에서 밤을 넘겨야 하니 저물녘, 어깨를 부딪힐 만큼 좁아진 습지로 돌아오는 그들을 보며 가슴이 덜컹, 내려앉았습니다. 이국땅에서 하루 종일 노동하고 습지로 돌아오는 그들이 저랑 다르지 않아 보였습니다.

아끼는 그림책이 있습니다. 유리 슐레비츠의 『비밀의 방』입니다. 어느 날 임금님이 사막을 지나다가 노인을 만납니다. 노인은 임금님 일행이 거쳐 온 사막으로 향하고 있었습니다. 옷은 수도자가 입는 것처럼 잿빛이고 지팡이를 짚고 있었습니다. 임금님은 노인을 보고 어찌 그대 머리카락은 허연데 수염은 검은지 묻습니다. 머리카락이 수염보다 늙어서 그렇다는 노인의 말이 임금님은 마음에 들었습니다. 노인에게 자기 얼굴을 아흔아홉 번 보기 전에는 아무한테도 그 이야기를 하지 말라 하고 헤어집니다. 임금님은 궁전으로 돌아가 우두머리 대신에게 노인한테 물었던 질문을 다시 합니다. 까닭을 알지 못하는 대신은 노인을 찾아가 동전 아흔아홉 냥을 주고 답을 얻어 냅니다. 노인이 말한 것을 알게 된 임금님은 자신의 명을 어겼다며 노인을 불러들입니다. 그러나 노인은 동전에 있는 임금님 얼굴을 아흔아홉 번 보고 이야기했다고 대답합니다. 임금님은 노인의 영리함에 감동해서 일을 맡깁니다. 노인의 힘이 점점 커지자 우두머리 대신은 노인이 임금님 보물을 훔쳤다고 모함합니다. 임금님은 이 말을 듣고 우두머리 대신과 함께 노인의 집에 가서 비밀의 방을 엽니다. 방에는 아무것도 없습니다. 임금님은 노인에게 이 방은 무엇이냐고 묻습니다. 노인이 대답합니다. "폐하, 소인에게 이 모든 명예와 부를 주셔서 성은이 망극하옵니다. 하오나 소인은 그동안 저 자신을 너무 돌보지 않게 되었사옵니다. 그래서 날마다 이 방에 와서 자신을 돌아봤습니다. 소인이, 언젠가 사막에서 폐하와 만났던 흰 머리에 검은 수염을 지닌 사람과 같은 사람인지를."

새를 보는 일이 참 즐겁습니다. 그러나 모든 일이 그렇듯 즐겁기만 한 것은 아닙니다. 새가 죽거나 다치는 모습을 보기도 하고, 사냥을 당하는 모습도 봅니다.

새가 살아가는 환경이 순식간에 사라지는 것을 지켜보기도 합니다. 즐거움과 함께 고통, 슬픔, 무력감이 따릅니다. 새를 보는 일은 결국 새를, 새가 처한 상황을 직시하는 일입니다. 새의 전체를 온전하게 살펴보는 일입니다. 그리고 그 끝에 있는 제 자신을 바라보는 일입니다. 낮이든 밤이든 주중이든 주말이든 새를 보러 그렇게 다니는 까닭은 바로 저를 보기 위해서입니다. 나이가 들고 어느덧 체력도 떨어져 꿈도 희미해지는 저의 맨 얼굴, 한때 정의를 부르짖고 사랑과 평화를 간구했지만 점점 초라해지는 저를 직시하려고요. 여전히 풍경을 보는 눈, 지도를 보는 눈에 머물고 있지만 생명을 보는 눈으로 나아가야 할 한 인간을 보려고요. 나와 나를 둘러싼 또 다른 나를 살펴보기, 멈춘 시간에 속하기, 비밀의 방에 머물기, 침묵하고 응시하기. 경험에 비추어 보면 새로운 곳보다 익숙한 장소가 편합니다. 마음만 먹으면 쉽게 갈 수 있고 오랜 시간을 보낼 수 있는 곳, 돌곶이습지는 그런 의미에서 제게 최적의 장소입니다. 그래서 돌곶이습지에 저를 그렇게 오랫동안 두었습니다. 그러면 어김없이 밤에 습지에 들었다가 아침 공기를 가르며 힘차게 습지를 떠나는 새처럼 제 자신이 새로워집니다.

진정한 즐거움은 저절로 오지 않습니다. 일상을 살다 보면 풍경을 보는 눈에서 어느새 지도를 보는 눈으로 바뀌고 생명을 보는 눈을 잊기 일쑤입니다. 너무 빠른 사회 흐름 속으로 빨려 들어가기 십상입니다. 그렇게 가다 보면 기후 위기는 가속화되겠지요. 멈추어야 합니다. 멈추고 고요히 살펴봐야 합니다. 나 자신으로 돌아가야 합니다. 본래 나로 살아야 합니다. 거기서 머물지 않고 때로 싸우기도 해야 합니다. 쉬운 길로 자꾸 가려고 하는 자신의 욕망과 싸울뿐더러 지도를 보는 눈으로 세상을 이끌려는 힘과도 싸워야 합니다.

사실 우리는 숱한 실패를 겪었습니다. 호주와 뉴질랜드에서 날아오는 도요물떼새가 머물던 새만금을 그들에게 동의를 구하지 않고 바꾸었습니다. 그들이 머무를 대체 서식지를 마련하지도 않았습니다. 그런가 하면 동남아시아에서 오는 제비가 둥지 틀 집을 대부분 그들이 살 수 없는 아파트로 바꾸었습니다. 제비에게도 동의를 구하지 않았습니다. 시베리아와 알래스카에서 오던 재두루미 1,500마리가 겨울을 나던 습지를 출판단지로 개발해 이제는 재두루미도 보기 어려워졌습니다. 열거하자면 끝없이 이어질 실패의 기록. 그러나 언제까지나 되풀이할 수 없습니다. 알도 레오폴드가 "텔레비전보다 기러기를 볼 수 있는 기회가 더 고귀하며, 할미꽃을 감상할 수 있는 기회가 언론의 자유만큼이나 소중한 권리"라고 말했듯 기러기를 볼 수 있는 권리를 잃고 싶지 않습니다. 할미꽃을 감상할 수 있는 기회를 언제까지라도 누리고 싶습니다. 어떻게 해야 할까요. 확신이 있지는 않습니다. 다만 세상이 바뀌어야 한다는 사실과 내가 먼저 바꾸지 않으면 가능하지 않다는 점을 알고 있습니다. 그리해 나부터 생명을 보는 눈으로 살아가려고 합니다. 비틀거리더라도 주저앉지 않고 꾸준하게 내 길을 걸으며 나를 확장한 이 사회가 나아가는 길에 관심의 끈을 놓지 않으려고 합니다. 헛될지언정 새를 비롯한 모든 생명이 사람과 더불어, 자연과 인공 환경이 조화를 이루는 세상 속에서 어울렁 더울렁 살아가기를 꿈꾸는 것도 잊지 않겠습니다.

돌곶이습지 겨울 저녁

도움 받은 자료

도감

- 박종길 지음, 야생조류 필드 가이드, 자연과생태, 2014년
- 박진영 외 지음, 한국의 도요물떼새, 자연과생태, 2013년
- 이우신 외 지음, 한국의 새, LG상록재단, 2020년 (2차 개정증보판)

교양서

- 가와카미 가즈토 외 지음, 서수지 옮김, 세상에서 가장 재미있는 83가지 새 이야기, 사람과나무사이, 2020년
- 데이비드 로텐버그 지음, 신두석 옮김, 새는 왜 노래하는가, 범양사, 2007년
- 데이비드 앨런 시블러 지음, 김율희 옮김, 새의 언어, 윌북, 2021년
- 류시화 엮음, 나는 왜 너가 아니고 나인가, 더숲, 2017년
- 박진영 지음, 새의 노래, 새의 눈물, 자연과생태, 2010년
- 알도 레오폴드 지음, 송명규 옮김, 모래 군(郡)의 열두 달, 따님, 2000년
- 우용태 지음, 물총새는 왜 모래밭에 그림을 그릴까, 추수밭, 2013년
- 유리 슐레비츠 지음, 강무홍 옮김, 비밀의 방, 시공주니어, 1996년
- 이우만 지음, 새들의 밥상, 보리, 2021년

- 이주희 지음, 내 이름은 왜?, 자연과생태, 2011년
- 정민 지음, 새 문화사전, 글항아리, 2014년
- 조병범 지음, 시민과학자, 새를 관찰하다, 자연과생태, 2020년
- 차이진원 지음, 박소정 옮김, 새는 건축가다, 현대지성, 2020년
- 폴 컬린저 지음, 신선숙 옮김, 세계의 철새 어떻게 이동하는가,
  다른세상, 2005년
- 플뢰르 도제 지음, 박언주 옮김, 과학자들은 왜 철새를
  탐구했을까?, 한울림어린이, 2016년
- 필립 후즈 지음, 김명남 옮김, 문버드, 돌베개, 2015년
- 팀 버케드 지음, 노승영 옮김, 새의 감각, 에이도스, 2015년
- Peter Menkhorst 외, The Australian Bird Guide,
  Princeton, 2016년
- V.N. 쉬니트니코흐, 지음, 이경아 옮김, 나를 숲으로 초대한
  새들, 다른세상, 2007년

누리집

- 문화재청(www.heritage.go.kr)
- 환경부(www.me.go.kr)

생명을 보는 눈

펴낸날	2022년 2월 17일 초판 1쇄
	2023년 5월 1일 초판 2쇄
지은이	조병범
펴낸이	조영권
만든이	노인향
꾸민이	ALL contents group
펴낸곳	자연과생태
등록	2007년 11월 2일(제2022-000115호)
주소	경기도 파주시 광인사길 91, 2층
전화	031-955-1607 팩스 0503-8379-2657
이메일	econature@naver.com
블로그	blog.naver.com/econature

ISBN   979-11-6450-043-7 03330